沖縄の水中文化遺産

青い海に沈んだ歴史のカケラ

南西諸島水中文化遺産研究会 編
片桐千亜紀・宮城弘樹・渡辺美季

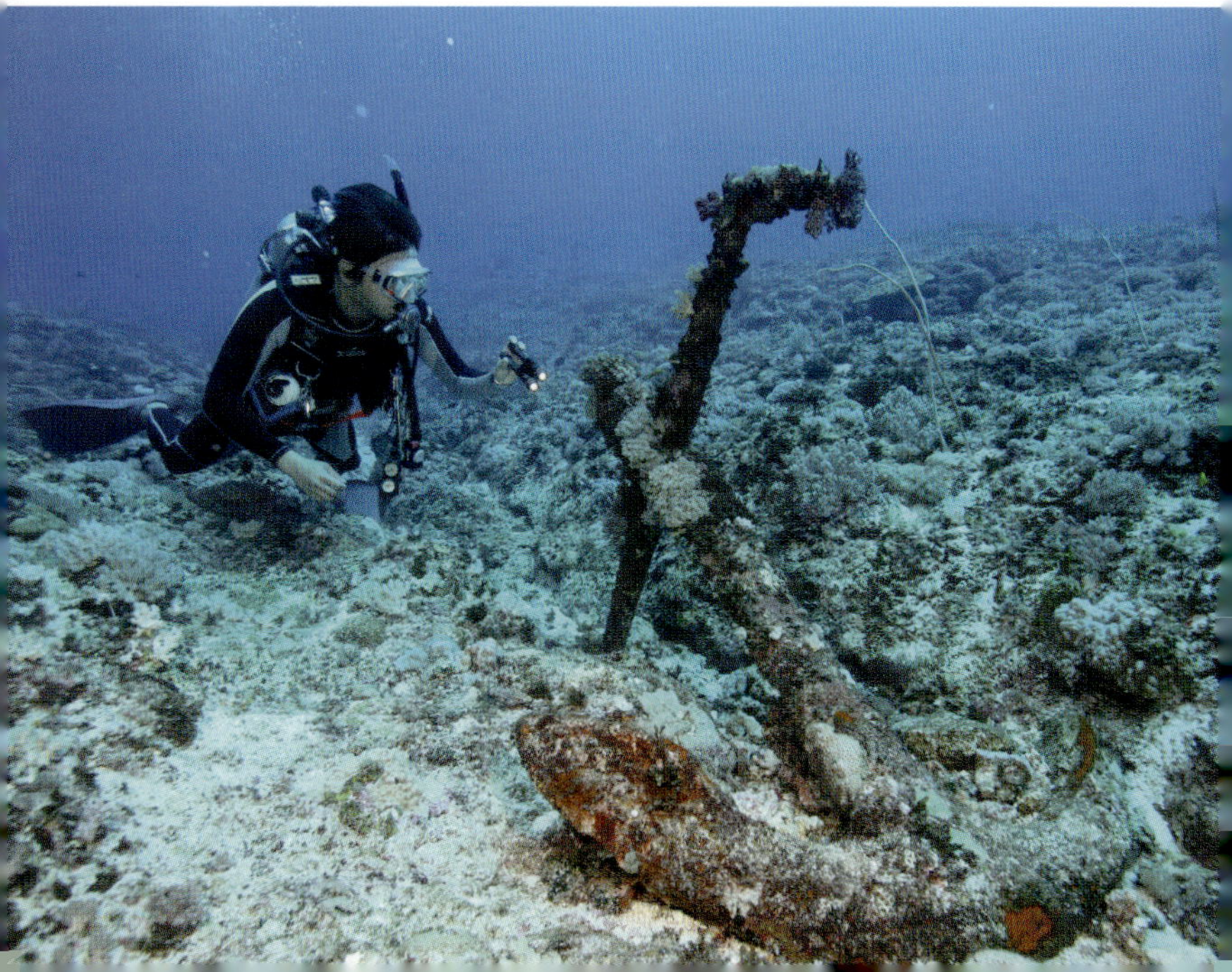

ⅰ 屋良部沖海底遺跡　海底の壺。本来の形を保ったままサンゴ礁に取り込まれた

ⅲ 右写真の遺跡から回収。サンゴが付着した遺物

ⅱ 石西礁湖海底遺跡群　壺屋焼が海底に密集

ⅳ 恩納村の石切場跡
潮が引くと石を切り出した
痕跡を見ることができる

v 屋良部沖海底遺跡　海底で発見された鉄錨の調査風景。２ｍ×２ｍの枠を設置して実測する

vi 米軍艦エモンズ　第二次世界大戦で沈没。周辺には今も油が漂う。水深 40ｍ

ⅶナカノ浜沖海底遺跡　12 世紀後半〜 13 世紀前半の中国陶器

ⅷ八重干瀬海底遺跡第 1 地点　英軍艦プロビデンス号の残骸と積荷

＊大トビラ・ⅴ・ⅵ　山本祐司氏撮影・提供
　ⅰ〜ⅳ・ⅶ・ⅷ　沖縄県立埋蔵文化財センター提供

はじめに――　青い海に沈んだ歴史のカケラ

青々と広がる海原《うなばら》に多くの島々が浮かぶ東シナ海。沖縄の人々は昔からこの海とともに暮らしてきました。船を漕ぎ出し波を越え島々を往来したり、珊瑚礁の豊かな海産物を獲得したり、時には大陸から交易や外交を求めて船がやってくることもありました。沖縄の歴史を理解する上で、海が非常に重要なフィールドであることは間違いありません。しかしこれまで沖縄の歴史を「海の中から」明らかにしようとする取り組みはほとんどありませんでした。陸の上であれば、発掘された遺跡や昔の人が残した記録から歴史を探ることができますが、海の中を探すことはそう簡単ではないからです。

でも実際は海の中にも様々な「歴史のカケラ」が残されています。右ページの写真ⅶ・ⅷを見てください。中国製陶磁器の破片、ガラス瓶や船の部品の一部――これらはすべて沖縄の海の中の遺跡から引き揚げられたものです。遺跡というと陸の上にあるものと思われがちですが、現在では世界各地の海や湖の中から多くの遺跡が発見され、新しい研究分野として関心が高まりつつあります。沖縄でも近年、この本の執筆者を含む若手の研究者を中心に海の中の調査が進められ、その遺跡・遺物の実態が少しずつ明らかになってきました。この本はその成果をできるだけリアルにわかりやすく紹介するものです。

本書の内容についてもう少し詳しく説明しましょう。一般に水中の遺跡やそこから出てきた遺物は、ひっくるめて「水中文化遺産」と呼ばれます。水の中の文化財という意味です。またこの水中文化遺産を対象とした学問を「水中考古学」と言います。日本ではまだ歴史が浅く、未開拓の部分が多い学問です。

「水中文化遺産」は、大きく次の二つのタイプに分けることができます。

①はじめは陸地に形成され、後に水面下に没した遺跡
②はじめから水中・湖底に形成された遺跡

①については「海に沈んだ街」をイメージしてください。つまり港や街が地震などの地殻変動や海面上昇によって水中に沈んだもの――これが①の遺跡です。例えば滋賀県の琵琶湖では、湖底から数多くの縄文時代の遺跡が発見されています。これはかつて陸地だったところが、長い年月にわたる水位の変動によって湖底となったためです。沖縄にもこのタイプに相当する遺跡があります。ただしそれは「海に沈んだ街」というほど大規模なものではありません。また県内では非常に有名な、与那国島のあの「海底遺跡らしきもの」のことでもありません（これ

については本書の中でもう少し詳しく触れます)。沖縄にあるのは、昔の人が海岸や河川に設けた橋の一部や、石材を切り出した石切場、漁業を営んだ際の構築物などです。一見地味な遺跡ですが、これらこそ先人たちの過去の生活を雄弁に伝えてくれる貴重な歴史遺産なのです。

②の「はじめから水中・湖底に形成された遺跡」は、さらに次の二つのタイプに分類できます。一つは「誰かが何らかの目的によって海底や湖底に沈めた物によって形成された遺跡」です。例えば神様への捧げものを湖底や海底に沈めるといった行為によって形成された遺跡がこれに該当します。ただし沖縄では今のところこのタイプの遺跡はほとんど発見されていません。

もう一つは「海上を行き来する船が暴風や事故によって海底に沈んだ――いわゆる沈没船に関する遺跡」です。沖縄では最も多く発見される水中文化遺産です。ところで沈没船というと「海賊船のお宝探し」というイメージが強いかもしれません。しかしこの本で取り上げる「沈没船」遺跡の多くは、より庶民的なレベルで交易や漁業を営んだ船の残骸であったり、あるいはその船の積み荷の断片であったりと、お宝探しとはあまり縁のないものです。お宝探しを期待してこの本を手に取った人は「なあんだ」とがっかりしてしまったかもしれません。しかしどうしてどうして。これらの一見「地味な」遺跡を調査することによって、お宝探しにまさるとも劣らない、実に多様な歴史的事実が浮かび上がってくるのです。この意外なおもしろさを、ぜひこの本を通じて知ってほしいと思います。

さて沖縄県では二〇〇四年度から二〇〇九年度にかけて沖縄県立埋蔵文化財センターが「沿

岸地域遺跡分布調査」を実施し、県内の水中文化遺産の状況が初めて総合的に把握されました。さらに二〇〇九年には筆者らが「南西諸島水中文化遺産研究会」を立ち上げ、継続的な調査を行っています。この本で紹介するのはこうした調査・研究の成果です。

この本は四つの章からなっています。まず第一章では、沖縄の水中文化遺産研究のモデル・ケースとして、国頭《くにがみ》村宜名真《ぎなま》沖の遺跡調査を取り上げ、壮大な歴史の復元に挑戦します。水中の遺物だけでなく、当時の文献史料や陸上に残された様々な痕跡をプラスすることで何が見えてくるのか――水中文化遺産の可能性に迫ります。第二章では、水中文化遺産とは何かということを世界や日本の事例を挙げながら紹介します。「海底に沈んだ街？」、「海賊船のお宝探し？」――いやいや、水中文化遺産とは、もっと広く、もっと深く、そしてもっともっと身近なものなのです。第三章では、これまで南西諸島近海で確認された遺跡を通じて、沖縄の水中文化遺産を詳しく紹介していきます。海に囲まれ、古来より盛んな海上交通の舞台となった沖縄、海の中には一体どんな文化遺産が眠っているのでしょうか。第四章では、海の中の調査が実際にはどのように行われるのかを、私たち南西諸島水中文化遺産研究会の取り組みを通じて具体的に紹介します。

沖縄の海から得られる豊かで身近な歴史像――その広く深い世界を一人でも多くの方に知ってほしいと考えてこの本を執筆しました。あなたも「過去」の手触りを実感しながら、海からはじまるタイム・トンネルを一緒に歩いてみませんか。

南西諸島の主な水中文化遺産

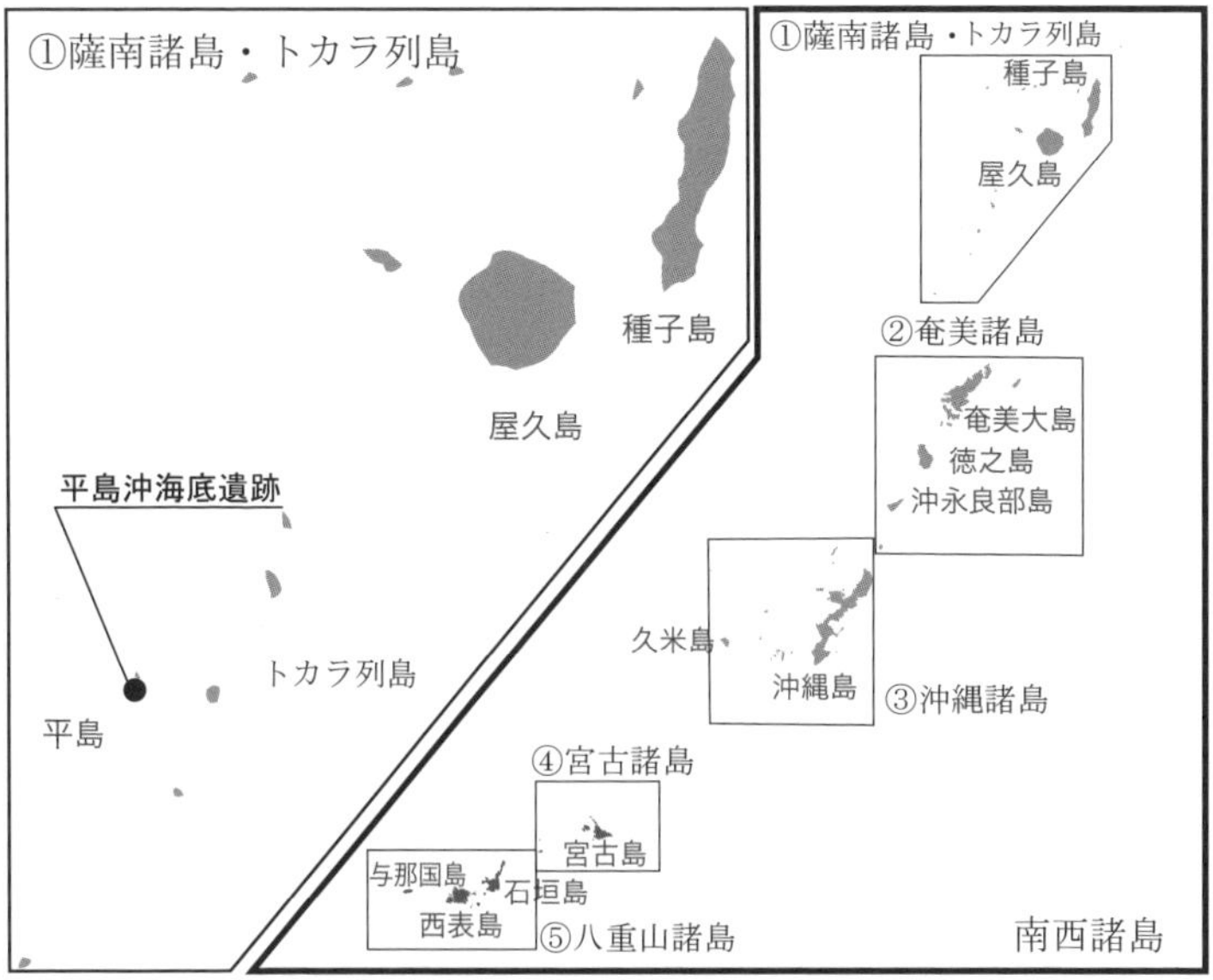

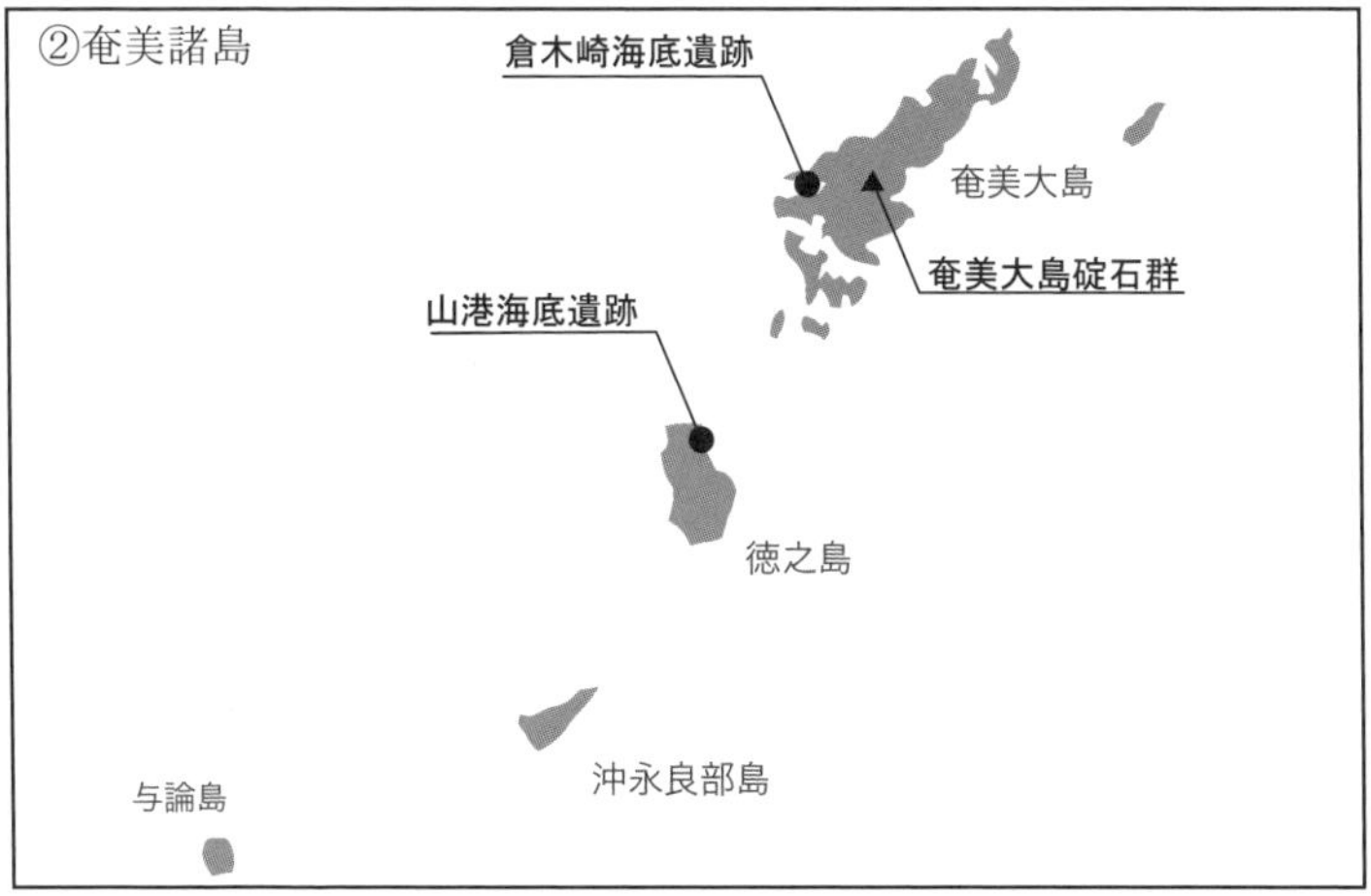

③沖縄諸島

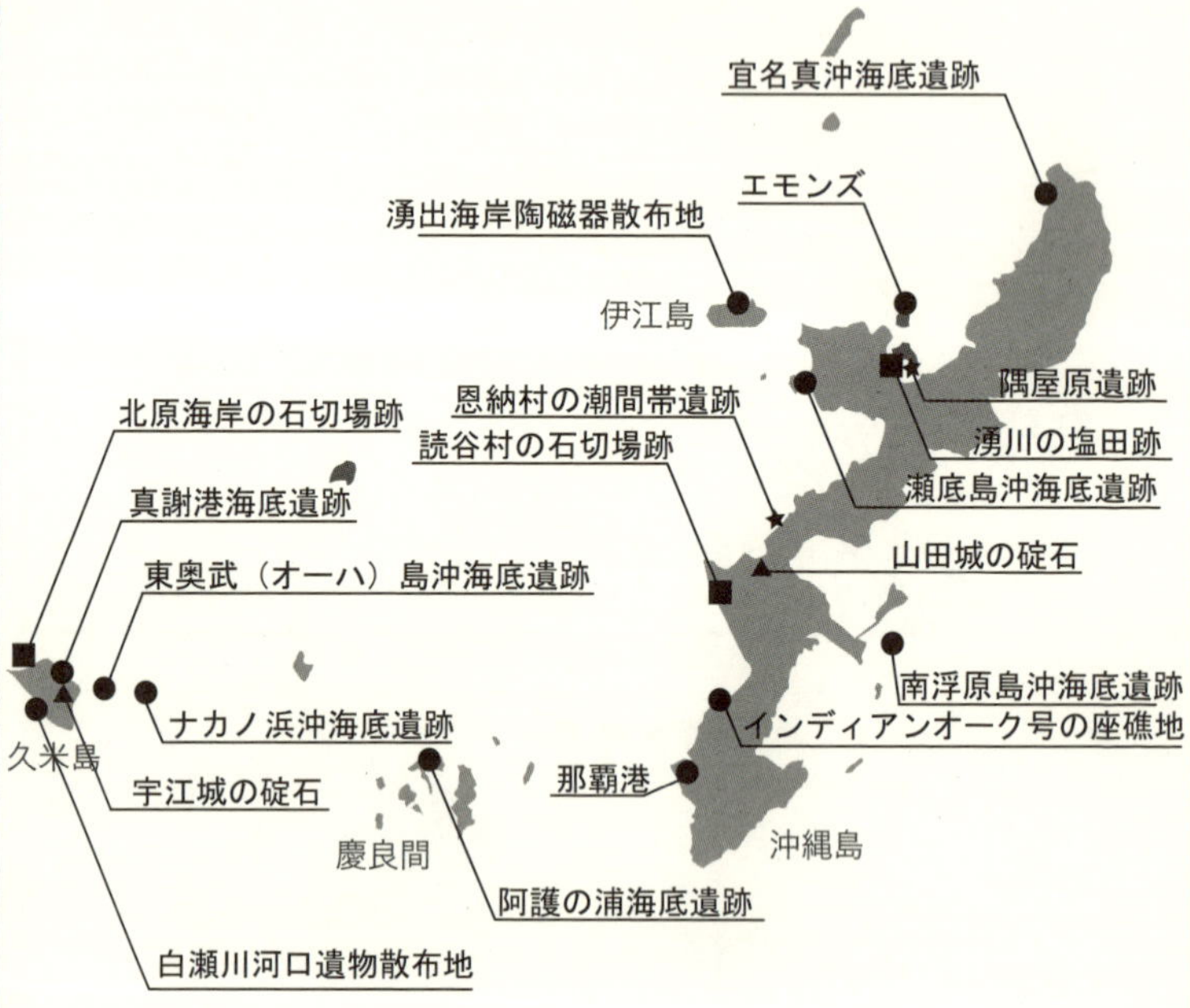

凡例

★ 水面下にある先史遺跡

■ 生産遺跡

● 沈没船／陶磁器散布地

▲ 関連遺跡／遺物

南西諸島の主な水中文化遺産

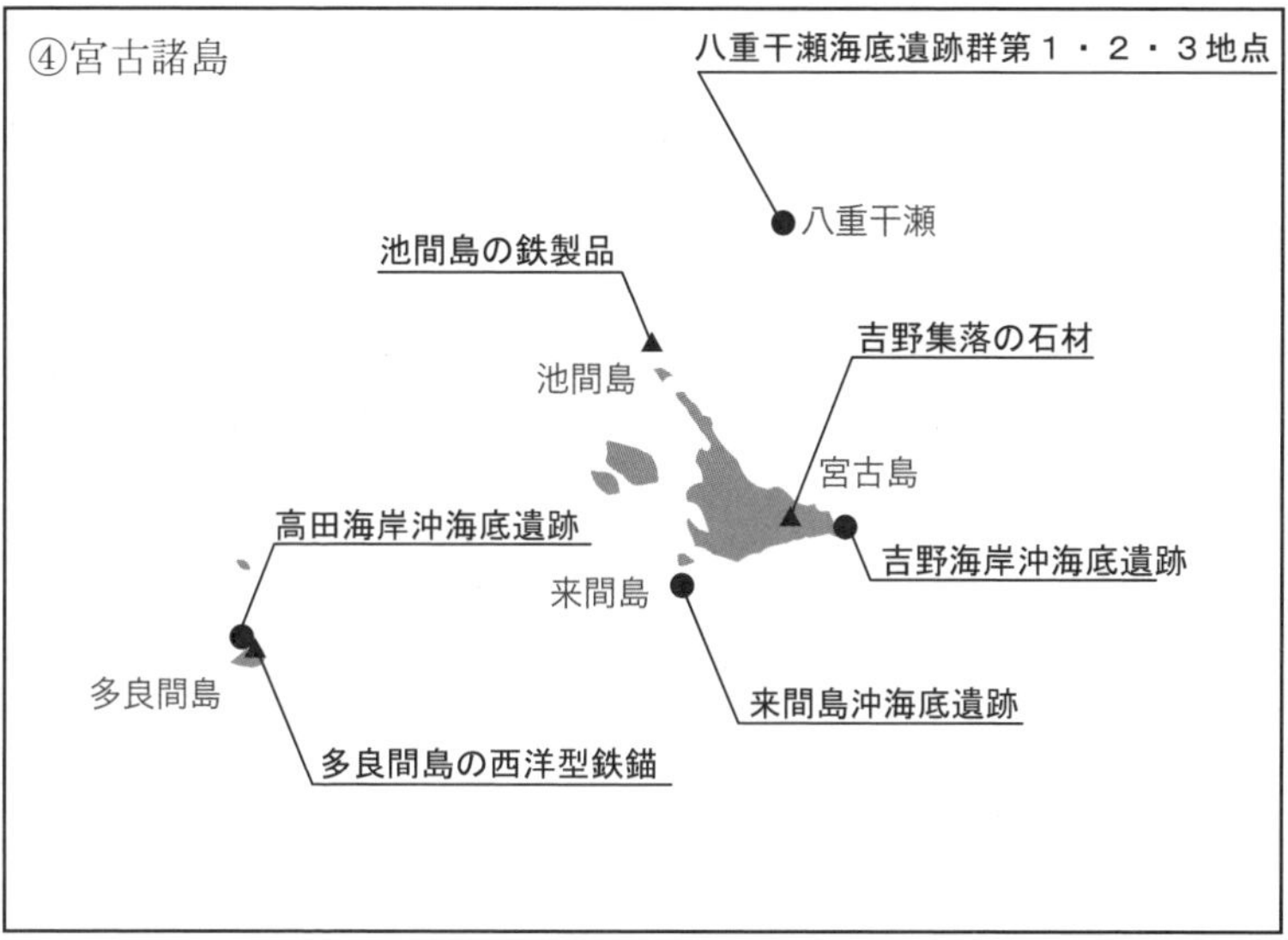

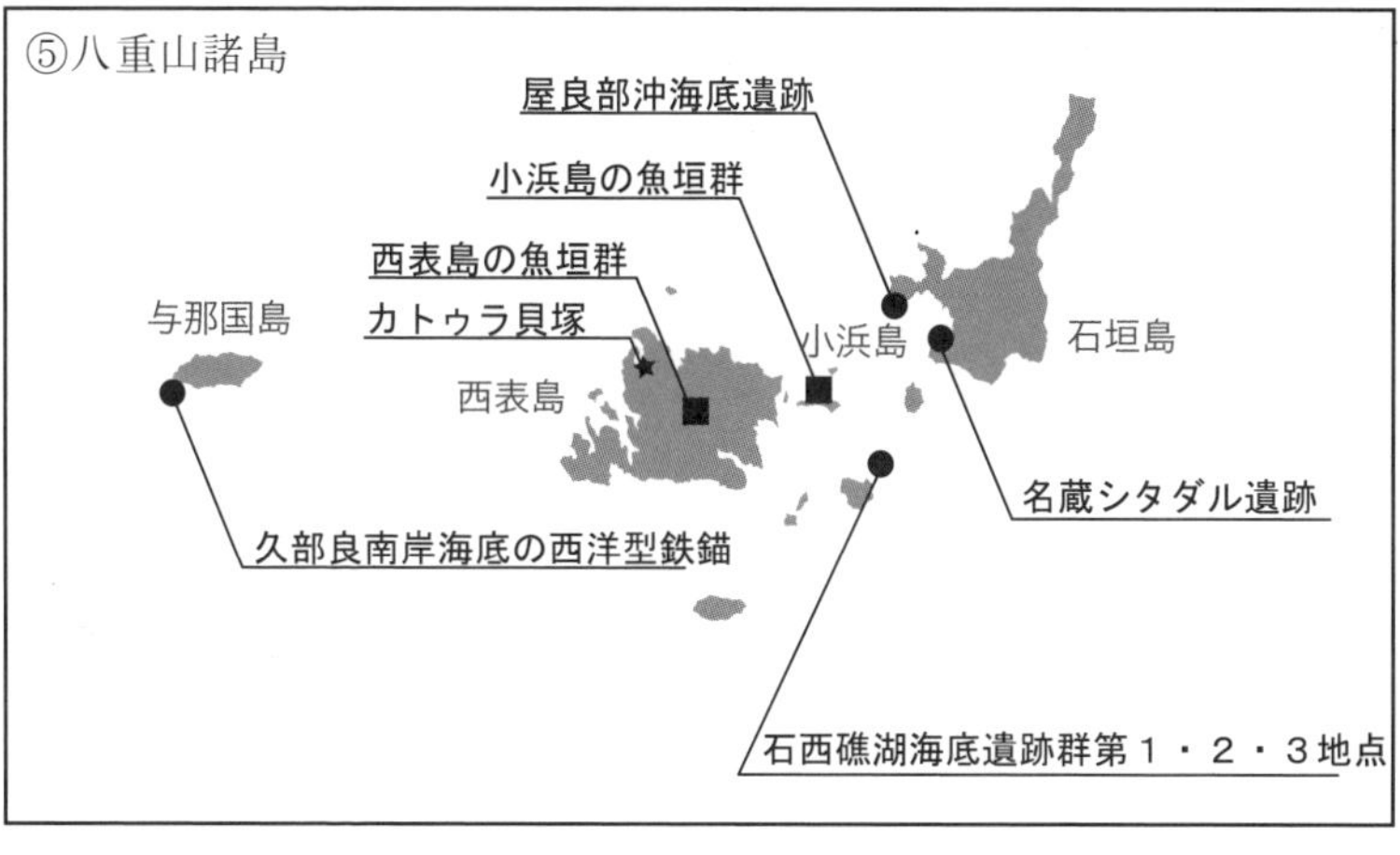

目次

◆口絵 1
はじめに――青い海に沈んだ歴史のカケラ 5
◆地図 南西諸島の主な水中文化遺産 9

第一章 **オランダ墓は語る** ―海底に消えた船旅― (渡辺美季)

一 宜名真オランダ墓の謎 18
(一) 宜名真のオランダ墓 18
(二) 大正時代の手がかり 20
(三) 水中に残る手がかり 24
二 失われた船旅を求めて 30
(一) 沖縄の記録 30
(二) 日本の記録 34
(三) イギリスの記録 40
三 イギリス人の見た琉球 46
(一) ベナレス号の遭難 46

（二）カーリュー号の来航 55
（三）カーリュー号の再来 63
四 再び水中へ 73
（一）水中遺物の評価をめぐって 74
（二）三度目の水中調査 79
五 沈没船は生きている 94
（一）石材 95
（二）錨 99
六 おわりに 107
◆コラム1 地元に残る貴重な記録 ―諸喜田福保の「口上覚」― 72
◆コラム2 ベナレス号はどんな船だったのか？ ―当時の新聞記事からわかること― 92
◆コラム3 もう一つのオランダ墓 ―屋我地島のオランダ墓― 106
第二章 **水中文化遺産への招待**（宮城弘樹）
一 世界の水中文化遺産 112
二 日本の水中文化遺産 120

第三章　**沖縄の水中文化遺産**　（片桐千亜紀）

一　はじめに　128
二　沖縄における調査・研究の歩み　130
三　沖縄の水中文化遺産を理解するために　136
四　海に沈んだ陸の遺跡　146
五　海に沈んだ海底の遺跡　153
（一）グスク時代～琉球王国1　進貢貿易のルートを探る　154
（二）グスク時代～琉球王国2　中国産陶磁器の流通と小型碇石が語るもの　167
（三）メイド・イン・琉球の近世・近代　―壷屋焼の国内流通―　180
（四）琉球王国のたそがれ　―海に沈んだ異国船―　187
◆コラム4　魚垣　―伝統的漁法の水中文化遺産―　150
◆コラム5　塩田跡―名護市屋我地・今帰仁村湧川の塩田跡―　151
◆コラム6　石切場跡　―久米島北原海岸の石切場跡―　152
◆コラム7　対馬丸とエモンズ　―戦争遺跡の沈没船―　202

第四章　**水中調査入門**　（片桐千亜紀）

一　南西諸島水中文化遺産研究会とは　206
二　事前調査　207
三　現地調査　210
四　保存処理　226
五　結果分析　228
◆コラム8　水中で調査をするということ　―潜水病という壁―　224
おわりに――水中文化遺産の保存と活用　231
付記　237
参考文献　238
著者プロフィール　242

第一章

オランダ墓は語る

――海底に消えた船旅――

渡辺美季

一　宜名真オランダ墓の謎

（一）宜名真のオランダ墓

沖縄県の那覇から北へ約九〇キロ、東シナ海に面した小さな集落のはずれにオランダ墓と呼ばれる史跡がありますす〔図1〕。集落の名前は宜名真《ぎなま》（国頭村字宜名真）。沖縄本島の最北端に近い海沿いに細く伸びる、人口一二六人（二〇一〇年国勢調査のデータによる）の字《あざ》です〔図2〕。

この宜名真のオランダ墓、実はオランダ人の墓ではありません。この墓に埋葬されているのはイギリス人なので

図1　宜名真のオランダ墓

す。それなのになぜオランダ墓と呼ばれているのでしょうか。それは昔、沖縄がまだ琉球王国だった時代、地元では西洋人はすべて「ウランダー（オランダ人）」と呼ばれていたからです。その背景には江戸時代の「鎖国」政策がありました。この政策の下で日本との外交関係を認められていたのは、西洋諸国の中ではオランダだけ。つまり江戸時代の日本には「西洋人と言えばオランダ人」といった状況があったのです。そしてその影響を受けて、沖縄でも西洋人をオランダ人と呼ぶ習慣が生まれました。このため宜名真でもイギリス人の墓がオランダ墓と名づけられたのです。

図２　宜名真の位置

　しかし一体なぜここにイギリス人が埋葬されているのでしょうか。そもそも彼らはどんな人々で、いつどのようにして宜名真にやってきたのでしょう。またその時、宜名真の人々はどのように対応したのでしょうか。

　これまで宜名真のオランダ墓については断片的な情報しかなく、多くの疑問が残されたままになっていました。しかし私たち南西諸島水中文化遺産研究会が中心となって、関連する各国の文献史料や陸・海に残る遺跡・遺物の調査を進めた結果、オランダ墓をめぐる歴史が近年急速に明らかになってきました。
この章では南西諸島の水中文化遺産研究の一つのモデル・ケースとして、オランダ墓に関する調査の中で発見された史料・遺物・遺跡をできるだけ詳しく取り上げ、その最新の研究成果をわかりやすく紹介していきます。

(一) 大正時代の手がかり

はじめに「オランダ墓」について今までにわかっていることを確認しておきます。これまで「オランダ墓」についての最も詳しい情報は、一九一九(大正八)年に刊行された『沖縄県国頭《くにがみ》郡志』(島袋源一郎著(注1)、国頭郡教育部会刊行)でした。この本の「オランダ墓」という項目(四四七〜四四八ページ)には次のように書かれています。

宜名真の西方、共同墓地の入口にオランダ墓と称する洋式の墳塋《ふんえい》[墓]あり。長さ三間[約五.五メートル]幅一間[約一.八メートル]、畳大《たたみだい》の安山岩《あんざんがん》を立てて之《これ》をかこみ、土砂を以て其中《そのなか》を埋めたり。

明治七年甲戌旧九月七日(清同治一三年尚泰二七年)[一八七四年一〇月一六日]、英国商船、海上暴風に遇ひ船体全く破壊せられて宜名真海岸に漂着せり。船員の生存せる者僅《わずか》に五人、他は悉《ことごと》く水死し多く附近の海岸に漂ひ来れり。墓は即ち其《その》死骸を合葬せるなり。古老の語る処に依れば、該商船は頗《すこぶ》る大形の帆船にて（錨の重さ一個八千貫・五万斤［約三〇トン］ありしと）南京米及び木材を満載したりき。

旧藩時代の事とて騒動すること甚だしく村民諸方より蟻集して［蟻のように群がってきて］米穀を引上ぐるに匆《そう》を極めたり［多忙を極めた］（米俵は四五尋［約六〜七．五メートル］以上十七八尋［約一〇〜一二メートル］の海底に埋没したりき）。当国頭間切下知役《くにがみまぎりげちやく》亀川某は直《ただち》に同地に至りて指図せり。然るに初め言語全く不通なりしが、異国通事（旧藩庁の通訳官）の来着するに及び外人初めて応答をなすを得、十数日の後同地を引上げたりといふ。

さらに一九六七年に刊行された『国頭村史』（国頭村役所編集・刊行）には、この『沖縄県国頭郡志』を出典として、次のような記事が掲載されています（一七六ページ）。

一八七四年（明治七）にも英国商船が海上で台風に遇い、船体を破壊されて辺戸《へど》村宜名真海岸に漂着した。大形機帆船で南京米や木材を満載していた。船員は五人だけ生存し、他はすべて溺死したが、その中四死体〔が〕海岸に漂着した。村民はこれを宜名真の西側の村はずれに埋葬した。現在もオランダ墓といわれているのがそれである。埋葬当時は船を安定させるために船底に敷いてあった大理石を引き上げて墓を覆っていた。後になり為朝《ためとも》上陸碑や大宜味《おおぎみ》村役場前石などに利用された。大錨は鍛冶屋が切断して農機具の材料とし、別の錨は奥村で船の繋留用に使用された。生存者の救助、死体の処置は、間切下知役人亀川某の指揮で行われ、またそのことが王府に報知された。王府は通事を派遣して応対させ、十数日後刳舟《くりぶね》で運天港に転送し、さらに那覇に送った。戦前の国頭村役場には、船員救助の謝礼としてイギリスから送られた柱時計があった。

『国頭村史』は『沖縄県国頭郡志』にもとづきながらも、郡志にはない情報も含まれており貴重です。というわけで、この二つの記録からわかることをまとめてみました。

①一八七四年一〇月一六日に宜名真にイギリスの商船が漂着・難破した。
②船は大型の帆船で、その鉄錨は一個約三〇トンだった。
③積荷は南京米や木材だった。
④生存者は五名だけだった。
⑤犠牲者のうち、海岸に漂着した遺体を埋葬した場所が、宜名真の「オランダ墓」である。
⑥埋葬された遺体は四体である。［村史のみ］
⑦イギリス船の船底には大理石か安山岩がバラストとして積まれていた。［村史のみ］
⑧この石が、オランダ墓・為朝上陸碑・大宜味村役場前石などに利用された。［村史のみ］

⑨船の大錨二つのうち、一つは農具に、一つは奥で船の繋留用に利用された。［村史のみ］
⑩事件への対応は国頭間切の下知役人が王府の指示を仰いで行った。
⑪生存者は十数日後に運天経由で那覇に送られた。［村史のみ］
⑫その後、生存者は帰国したらしい。［村史のみ］
⑬後日、船員救助の謝礼としてイギリスから柱時計が送られた。［村史のみ］
⑭柱時計は戦前の国頭村役場にあった。［村史のみ］

このように『沖縄県国頭郡志』・『国頭村史』は様々な情報を与えてくれますが、それでも依然として多くの不明点が残されています。それは例えばイギリス船の名前・航海目的・乗員の氏名・積荷の全体像・救助の実態・生存者の帰還の詳細・事件をめぐる外交交渉の模様といった点です。また『国頭郡志』や『国頭村史』は当時の記録ではなく後世に編纂されたものです。このためそこに記された年月日は正確なのか、船は本当にイギリス船だったのかなどの諸点を別の史料――できれば事故と同時代の史料――から検証する必要もあります。とはいえ大正時代に作成された『国頭郡志』と、それをもとに作成された『国頭村史』の記事は、オランダ墓からはじまるタイム・トンネルを進むための貴重な手掛かりであることは間違いありません。

一方、『国頭郡志』や『国頭村史』の記録で重要なのは、オランダ墓に関わる陸上遺物――オランダ墓・為朝上陸碑・大宜味村役場前石・大錨・柱時計――について豊富な情報を提供し

図３　奥の錨（沖縄県立埋蔵文化財センター提供）

てくれている点です。実はこれらの遺物のうち、時計以外はすべて現存しているのです。写真はそのうちの一つ、宜名真から海岸沿いの道をさらに北に進んだ沖縄本島最北端にある小さな集落・奥《おく》（国頭村字奥）に残された錨です［図3］。

この大錨は「オランダ錨」と呼ばれており、かつては情報⑨にあるように、船の繋留用に用いられていましたが、現在は奥集落の港に面した浜辺にモニュメント風に展示されています。これらの遺物の存在も、オランダ墓をめぐる史実を解明していく上では大きな手掛かりとなります。なおほかの陸上遺物については、後で詳しく紹介していきます。

（二）　水中に残る手がかり

さて陸の上にこれだけの遺物が残っているのです。とすれば海の中にもしかしたら何か残っているかもしれません。そのことに着目し、私たちの研究会では実際に宜名真の海に潜ってみました。というよりも研究会が初めて実施した記念すべき水中調査の地点が宜名真だったのです。その理由はもちろんオランダ墓とそれにかかわる豊富な陸上遺物の存在にありました。特にこの本の執筆者の一人である宮城弘樹は、当時今帰仁村に勤めており、同村の運天にある為朝上陸記念碑（「源為朝公上陸之址」碑）の石材が、宜名真で沈没した船の遺物であることを知っていました。このため、こうした陸上遺物があれば、海中にも船体や積荷の一部が残っている可能性が高いと考えて、以前から調査候補地として宜名真を強く意識していたのです。

研究会ではまず数回の事前調査を行った後、二〇〇三年四月二九日に宜名真で水中調査を実施しました。調査といっても方法は至ってシンプルで、シュノーケルを装備して海岸から数メートルの地点を移動し、海上に浮かんだ状態で、あるいは息を止めて潜った状態で、海底面の遺物の有無を目で確認するというものです［図4］。また沈没地点には為朝上陸記念碑と同じ石材が散在しているのではないかと考え、海底の石に注意して重点的に探すことにしました。

その日の干潮時間は一二時二二分だったので、一〇時頃に調査を開始しました。メンバーは宮城弘樹・片桐千亜紀ら計五名で、それぞれの役割分担は次の通りでした。

①海岸で周辺陸域の踏査を行う者　一名
②海中の探査を行う者　三名
③海岸に待機し、②が目視で確認した遺物のおおよその存在地点を地図上に記入する作業を行う者　一名

図4　シュノーケルによる調査（沖縄県立埋蔵文化財センター提供）

今の私たちからするとこれはかなり簡易な調査なのですが、まだ海中での調査経験が浅かった当時はこれが精一杯でした。それなのにこの最初の調査で、私たちは沈没船の遺物と考えられる中国産陶磁器やヨーロッパ陶器を発見してしまったのです。その後様々な場所で水中調査を実施しましたが、船の沈没地点も不明なまま、ダイバーや漁師からの情報提供があったわけでもなく、潜ってみたら遺物があった…という体験は、この時だけだったように思います。これこそまさにビギナーズラックと言うものなのかもしれません。

調査では、水深の深い砂地の海底面は避け、珊瑚礁が発達した比較的浅い斜面をターゲットにしました。透明度の高い沖縄の海でも、水深五メートルを超えると海上に浮かんだ状態から海底面の遺物を見つけることは難しくなってくるからです。

ところで一口に宜名真海岸と言っても、実際の海岸線は数百メートルもあります。わずか三名で、そのどこかにあるかもしれない沈没船の遺物を探そうというのですから、今から考えると無茶と言えば無茶な計画でした。でも船が座礁したとすれば深い海よりは浅い珊瑚礁の可能性が高いですし、たとえ深い沖合で沈没したとしても船の積荷や残骸が珊瑚礁斜面に漂着しているかもしれません。そう考えると、はじめからタンクを背負って沖合を調査するよりは妥当な選択だったと思います。

その日、私たちは海岸線に沿って広がる珊瑚礁斜面を北から南に移動しながら、ひたすら目視で遺物を探しました。同時に、時々息を止めて潜り、珊瑚礁を間近で観察するという作業も繰り返しました。

調査を始めて三〇分も過ぎた頃でしょうか。潜って珊瑚礁をじっと観察している時、珊瑚に取り込まれるような形で海底に固定されている焼き物の破片を見つけました。珊瑚礁とほとんど同化していたので危うく見逃すところでした。早速まわりにいた他の調査員を呼び、三人でその周辺を重点的に調査することにしました。すると同じような状態で海底に固定されている焼き物の破片が次々と出てくるではありませんか。

ここですぐに「沈没船の遺物発見！」と言いたいところですが、まだまだ結論を出すには早すぎます。次にそれが「何」なのかを注意深く観察しなくてはなりません。沈没船の遺物なのか、はたまた単なる近隣の集落から流れ出た生活ゴミの一部なのか、しっかり見極める必要があるからです。そのために息を深く吸って海底面まで何度も潜ったのですが、これがなかなか苦しい作業でした。息を止めるので長時間の観察はできません。

もっとよく見たいという気持ちと、もうそろそろ息を吸わないと苦しいという気持ちのせめぎ合いの中で、観察を繰り返した結果ようやく判明したのは、これらの焼き物のほとんどは白地に青で文様を描いた青花《せいか》（染付）と呼ばれる中国産陶磁器の可能性が高いということでした。器の形や胎土と呼ばれる焼物の土の質、あるいは色調などが、これまで陸上の発掘調査で目にしてきた青花とそっくりだったからです。ただその文様だけは、水の中での不十分な観察ながら、どうも今まで沖縄では出土したことがないもののように見えました。

また後日の分析で、この時見つけた遺物の中にヨーロッパ陶器も含まれていることが判明しました。つまりこれらの遺物は、近隣集落から海に流れ込んだゴミではなく、オランダ墓と関連のある欧米船の遺物の一部である可能性が高いと言うことになります。とはいえ、より確実な結論を出すためには、潜水タンクを使ったスキューバダイビングによる調査を行い、もっと詳しく遺物を観察したり、位置情報を記録したりする作業がどうしても必要です。

幸運なことにそのチャンスは予想外に早く巡ってきました。二〇〇四年より沖縄県立埋蔵文化財センターが「沿岸地域遺跡分布調査」という事業を開始し、その一環として六月に宜名真沖の二回目の海底調査が実施されたからです（この本の執筆者の一人である片桐千亜紀は当時センターに勤めていました）。

センターの調査では、潜水タンクを使用してじっくりと海底踏査を行い、初回の調査で見つけた中国産陶磁器やヨーロッパ陶器のほかに、洋食器であるフォーク［図5］や真鍮《しんちゅう》製船釘など

図５　フォーク（沖縄県立埋蔵文化財センター提供）

の金属製品も確認することができました。

　またこの調査では初めて水中カメラで海底の写真を撮影し、さらにＧＰＳを使って遺物の位置の記録を取り、地図上に遺跡の場所を復元できるようにしました。

　二〇〇四年のこの二回目の調査でヨーロッパ陶器やフォーク、真鍮製船釘が発見されたことから、これらの遺物が欧米船のものである可能性はいよいよ高くなってきました。一方、積荷とみられる中国産陶磁器は中国最後の王朝である清の時代の染付《そめつけ》碗のようです。ただしこの中国産陶磁器も、そして同じく積荷と考えられるヨーロッパ陶器も、高級品とはほど遠い廉価《れんか》品であるように見えました。特に中国産陶磁器についての片桐の印象は「今まで陸上の遺跡で見た中国産陶磁器の中でもかなり質の悪い陶磁器で、沖縄ではまったく見たことがない文様だ」というものでした。

　一体この沈没船はどんな船なのか、一見すると廉価品のようなものをどこからどこへ運び、どうしようとしていたのか、二度の調査で様々な遺物は確認したものの、謎は深まるばかりでした。

二　失われた船旅を求めて

　こうして宜名真のオランダ墓については、豊富な陸上の遺物に加え、幸運なことに海中にも様々な遺物が残存していることがわかりました。しかしさすがにこれだけではタイム・トンネルは繋がりません。陸や海の遺物を繋ぐには、やはり関連する文字史料、それもできるだけリアルタイムで作成された記録を見つける必要性があります。

　そこで次に私たちの研究会ではこの課題に挑戦することにしました。担当は本章の執筆者でもある渡辺美季です。渡辺の専門は琉球を中心とした東アジアの国際関係史で、文字で書かれた史料を主な素材として研究をしていることから、研究会では海中ではなくもっぱら文字の世界の「発掘」を担当しています。

（一）沖縄の記録

　さて渡辺は、以前から国際関係史を研究するためのテーマの一つとして漂着・漂流事件を調査してきました。海に囲まれた琉球では、海難事故が数多く発生し、そのため関係記録（史料）も比較的豊富に残されています。特に時代が新しいほど史料の残存率は上がるので、オランダ墓が造られたとされる一八七四年前後であれば、何かしらの文字史料は見つかるだろうとかなり楽観的な気分で「捜索」を開始しました。

ところが――ないのです。琉球王国の様々な史料をひもときましたが、宜名真のオランダ墓に関するリアルタイムの記録はまったく出てきません。一体どうしてなのでしょうか。その理由を推測しながら、ここで一八七四年前後の沖縄の様子を簡単に確認しておきましょう。

一九世紀後半と言えば、まず何と言っても欧米列強が東アジア進出を本格化させた時期です。列強の進出はすでにそれ以前から開始されており、琉球・日本沿海に姿を見せる欧米船も徐々に増加していましたが、特にアヘン戦争（一八四〇～四二年）でイギリスに敗北した中国（清朝）の開港や、アメリカのペリー来航（一八五三～五四年）による日本の開国などを契機に、中国とアメリカを結ぶ太平洋航路を欧米船が盛んに航行するようになりました。そしてこの航路に近接する琉球でも、欧米船の寄港や海難事故が一段と増えていったのです。つまり一八七四年前後の琉球の人々は、ウランダーと呼んでいた欧米（西洋）人の姿を港や沿岸部で頻繁に目にするようになっていたわけです［図6］。

一方でこの頃は、明治政府が琉球を日本の領土とするための諸政策を展開した時期でもありました。一八七二年九月、明治政府はまず琉球王国を琉球藩とし、国王尚泰を藩王に任命しま

図6　那覇港沖に停泊するペリー艦隊
（ラブ・オーシュリ／上原正稔『青い眼が見た大琉球』ニライ社、1987年、P. 140）

す。これにより鹿児島県（薩摩藩）の管轄下にあった琉球は明治政府の外務省（七四年より内務省）が管轄することになりました。ただし琉球の王府組織はそのまま維持され、中国（清）との君臣関係も従来通り認められていましたので、この段階ではまだ王国時代とあまり違わない状況が継続していたと言えます。

しかし一八七五年以降、明治政府は廃藩置県（琉球処分）を本格化させ、一八七九年にはついに警察・軍隊を動員し、その威圧のもとに琉球藩の廃止と沖縄県の設置を断行しました。こうして東アジアの一王国であった琉球は滅亡し、日本の沖縄県が成立します。つまり一八七四年前後は琉球藩の時代――王国時代の最末期――であり、王国が大きな動揺と混乱に見舞われていた時期だったのです。この状況の中では諸記録を十分に整理・保存することは難しかったことでしょう。オランダ墓についてのリアルタイムの史料が見つからないのはそのためなのかもしれません。

それでも思いつく限りの史料に当たったところ、王国時代末期の士族・喜舎場朝賢（注2）が残した「宜名真沖ノ破船シタル独逸《ドイツ》人救護ノ事」（『東汀随筆』至言社、一九八〇年、一八四〜一八五ページ）という文章が見つかりました。リアルタイムの記録ではなく後の回想録ですが、当時を生きた人物の貴重な証言と言えます。原文は文語調で読みづらいので平易な現代語に直したものを見てみましょう。

明治時代初期、国頭間切《まぎり》宜名真村の前の沖でドイツ船が破船し、生存者数名が浜に上陸した。夜中だったので火の光を見て、とあるかやぶき小屋に入ってきた。そこでは男女が集まって夜仕事をしていたが、突然全身水に濡れた者たちが入ってきて倒れ伏したので、みな大いに驚き幽霊かと屋外へ逃げ出した。村の役人がこれを聞いて駆けつけ、彼らを見て「これは西洋人だ。難破した者たちだろう」と言った。そこで衣服を持ってきて着替えさせ、粥を煮て与え、丁寧に介抱した。翌朝、山の上にも西洋人が一人いたので呼んでこようと村人が近づくと、さらに上の方へ逃げてしまった。そこで村人は飯茶碗を持って手招きして食べる真似をしたところ、ようやくこちらにやってきたので、また着替えさせて粥を与えた。ここは山奥で暮らす原住民が殺人や窃盗を生業としているところだと思っていたのに、思いがけずこんなに仁の厚い善行を受けたと大いに感心・感動している様子だった。その後、日本に送って本国に送還した。後にドイツ皇帝が国王と摂政へ時計一個・望遠鏡一個を贈り漂着民救助に感謝した。その数年前に英国船が勝連間切《かつれんまぎり》沖で破船し、生存者数名を救護して日本に送り本国に送還したが、その謝礼として英国皇帝から使者が派遣され贈られた物品は、ドイツのものと同じだった。

いかがですか。なかなか描写が細かく具体的です。しかしいくらリアルと言っても、これは後の時代の回想録です。このためどうしてもやや信憑性に欠ける面があります。何より気になるのは、この記録では難破船はイギリス船ではなくドイツ船とされている点です。イギリス船なのかドイツ船なのか——真実を知るためには、やはりリアルタイムの記録が必要です。

(二) 日本の記録

琉球の記録の捜索があまりうまくいかなかったため、渡辺は、発想を転換して日本の記録を捜索することにしました。先に書いたように、一八七二年から七四年まで琉球は明治政府の外務省の管轄下にありました。その間の記録類は現在東京の外務省外交史料館に保管され、多くがインターネット上で公開されています。

渡辺は、その中にある「琉球藩在勤来往翰」という記録に着目しました。これは琉球に駐在していた外務省の役人と本省（外務省）の間を往来した行政文書をまとめたもので、琉球に寄港したり漂着したりした欧米船についての記事も数多く含まれています。

そこでそれらを一つ一つ見ていくと、ありました！「琉球藩在勤来往翰」に含まれていた琉球藩（首里王府）から外務省出仕（注3）の伊地知貞馨《いじちさだか》（注4）へ当てた一八七三（明治六）年の書翰《しょかん》の冒頭に「国頭間切宜名真」「異国人」「漂着」などの文字が見えます［図7］。

ほかに宜名真の漂着事件について書かれた記録は見つからなかったので、この書翰がオランダ墓に関わる事件について書かれたものであることは間違いなさそうです。原

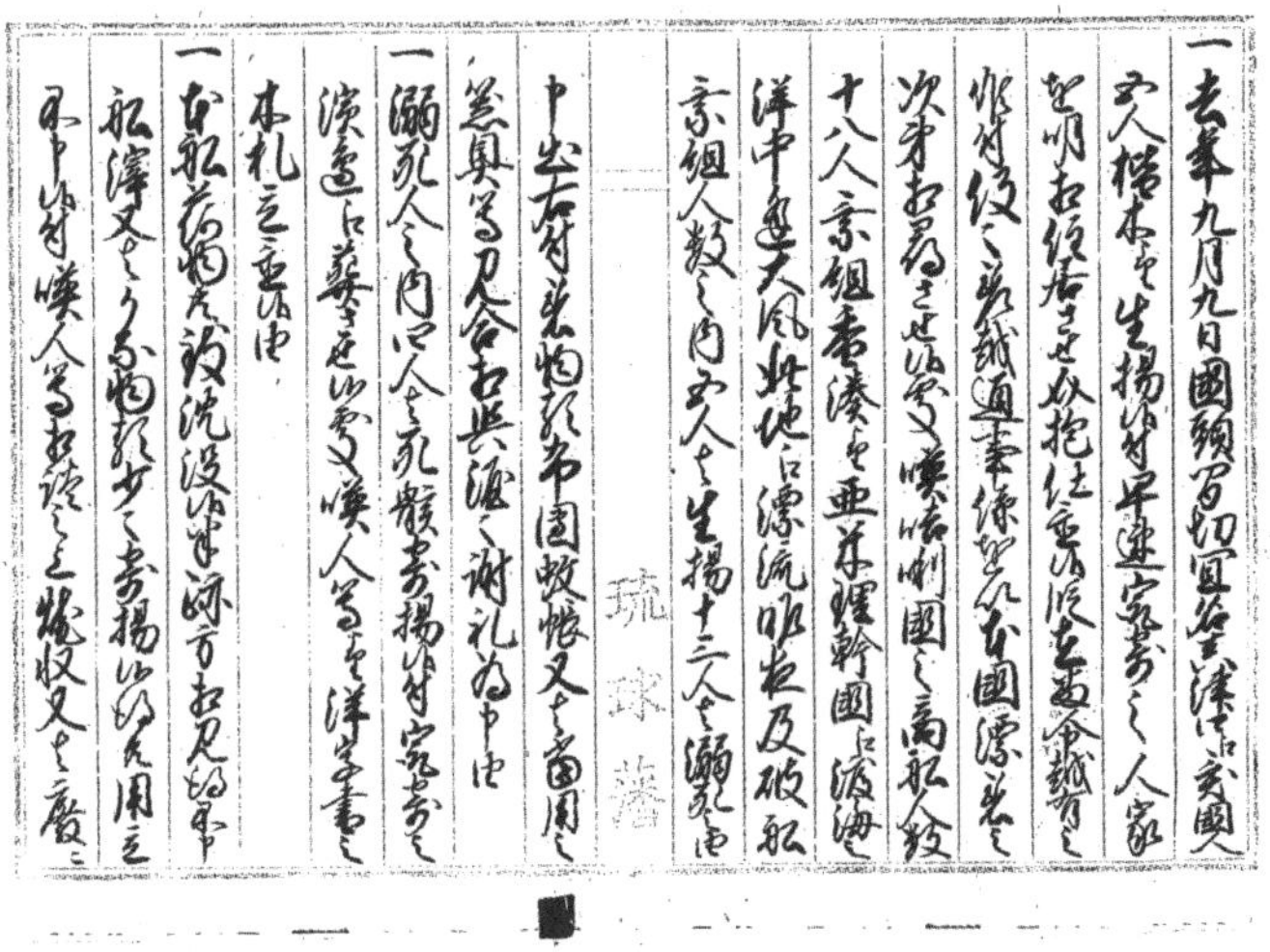

図7　王府から伊地知貞馨へ宛てた書簡
（外務省外交史料館蔵 B-1-4-1-018、JACAR, Ref.B03041138900）

文は見ての通りくずし字で書かれた候文《そうろうぶん》ですので、現代語に訳したものを読んでみましょう。

一、去年（明治五年）九月九日（一八七二年九月二九日）、国頭間切宜名真の港口へ異国人五人が楷木につかまって漂着したので、さっそく最寄りの人家を空けて収容し介抱したと在番人（現地に駐在している役人）が報告してきた。そこで諸役人を派遣し、通訳に本国や漂着の次第を尋ねさせたところ、「イギリス国の商船で、一八名が乗船して、中国の港からアメリカ国へ渡る途中で大風に遭いここへ漂着した。夜になって破船し、一八名のうちの五名が救助され、一三名が溺死した」と供述した。このため着物類・布団・蚊帳や当用の器具を用意して渡したところ、謝礼を述べてきた。

一、溺死者のうち四名の死骸が打ち上げられたので、最寄りの浜辺へ埋葬させたところ、英人が洋字（英語）を書いた木札を立て置いた。

一、本船と積荷は沈没し、全く形跡が見えなかった。船クズや金物類が少々浜へ打ち寄せられたが、役に立つようなものではないので、英人に相談の上で焼却したり、そのままゴミとしたりした。

一、英人から船を借用して早く帰国したいという申し出があり、その希望に応じると伝えて、準備を命じておいたところ、さらに彼らから「最初は自力で帰国できると見込んで船を借りたいと申し出たが、冬の海上をわずかの人数で遠洋航海するのは難儀である。そこで中国に本国の船が寄港しているかを書状で問い合わせれば、迎えの船が来るだろうから、〔琉球の〕渡唐船で〔この書状を〕届けてほしい」と書状を差し出してきた。このため確かに申し立て通りに〔書状を〕中国へ送った。ついては迎えの船が来るであろうので、彼らを遠方へ滞在させておいては何分支障があるだろうと、中城間切安谷屋村《なかぐすくまぎりあだにや》へ移動させ、木屋を用意してそこに滞在させ、勤番人〔見張り人〕を置いて昼夜詰めさせ、諸事・命令などを堅く申し渡しておいた。

一、当年〔明治六年〕一月八日の八時分、北から蒸気船一艘が那覇の方へやってきたので諸役を派遣して確認したところ、七時分には那覇沖へ錨を降ろした。そこで通訳を派遣して、本国や来航の理由を尋ねさせたところ、「イギリスの官船で人数九〇名〔そのうち四名は唐人〕が乗っており、去年九月に国頭間切へ漂着した同国の者を迎えるため上海を出港し大島で潮待ちをして、今日ここへ到着したのだ」と申し出た。在留の英人へ問い合わせるための書簡が提出されたので、すぐに安谷屋村へ届け、異国人へ渡し、早く連れてくるようにと使いを出した。

一、同九日、この船が食糧不足であると地方官から要請が出されたので、豚・羊・鶏・唐芋・卵・野菜を送ったところ、受け取ったとの謝礼があった。

一、同日、この蒸気船の船長から地方官に伝えたいことがあると以前から申し出があり、四時分にイギリス船のボート一隻で船長と小官三人が連れだって上陸し、若狭町学校所へやってきた。そこで地方官が面会したところ、〔船長たちは〕漂着英人の保護に対する謝礼を申し述べた。こちらから茶・菓子を馳走し、その最中に漂着英人も所管の役人に連れてこられて対面し、〔その後〕一同は本船に戻った。翌十日の九時分に〔蒸気船は〕出艦し、酉戌《ゆうじゅつ》の間〔西北〕へ去っていった。

一、以上の通り、当地に駐在している〔外務省出仕の〕福崎助七〔季連〕殿（注5）と相談しながら、諸事を取り計らい出艦させた。このことをご報告するものである。

明治六年四月十四日　琉球藩

伊地知貞馨殿へ

さあ、どうでしょうか。まるで霧が晴れるように、様々な事実が見えてきます。

まず遭難事件の正確な発生年月日が明らかになりました。それは一八七二（明治五）年九月二九日です。これまで『国頭郡志』や『国頭村史』では一八七四年の事件とされてきましたが、さらに二年も前の出来事だったわけです。

次に船の素性がわかりました。船は中国からアメリカに向かうイギリスの商船で乗員は一八名、生存者は五名、溺死者が一三名でした。そのうち四名の遺体が打ち上げられたので、宜名真の浜辺へ埋葬し、イギリス人が英語を書いた木板を立て置いたようです。これが今のオランダ墓です。船体や積荷については「本船・積荷の形跡はなく、船滓《ふなかす》などが拾えた程度」と書かれています。しかし『国頭郡志』では「住民が蟻のように集まってきて米を拾った」と説明されていましたので、ひょっとしたら事実は後者で、そのことを琉球側が明治政府に対して隠蔽しようとした可能性も考えられます。

さらに生存者の帰国の経緯も判明しました。生存者ははじめ、中国まで自力で戻るつもりで琉球に船の借用を申し入れたのです。しかし冬の海をこの人数で航海することはさすがに難しいと思い直し、中国へ行く琉球の進貢船に手紙を託して、中国にいるイギリス人に連絡を取ることにしました。彼らの望み通り琉球側はこの手紙を届け、翌一八七三年に上海から奄美大島経由で迎えのイギリス官船が来航し、生存者五名はこの船で帰途に就いています。

このように色々なことが判明したわけですが、一方で不明な点もまだまだ残っています。例えば肝心の遭難船の名前がわかりません。航海の目的、乗員の氏名なども不明のままです。また『国頭郡志』などに書かれていたイギリスからの謝礼についても記事がありません。こうした点を解明するために次に取り組むべきことは明らかです。それはイギリス側の外交史料の捜索です。

(三) イギリスの記録

というわけで今度はイギリスの外交史料を探すことにしました。

ところで琉球史研究者の渡辺がふだん分析対象としているのはもっぱら漢文・和文の史料群です。しかしイギリスの史料と言えば当然、英語。しかも、ものによっては活字ではなく手書きです。そこに渡辺一人の力で挑むのは心細い……というわけで、強力な助っ人として中国とヨーロッパの関係史を研究していて、横文字に強い東京大学大学院生(当時)の新居《にい》洋子氏にも協力を依頼し、二人で調査に取り組むことにしました。

さてイギリスの外交史料といえば真っ先に挙げられる有名な記録があります。それはFO(エフオー)と呼ばれる文書群です。FOとはロンドンにあるイギリス国立公文書館が所蔵している外務省(Foreign Office)の外交記録(Records created and inherited by the Foreign Office)のこと。本省と在外出先機関との往復文書、外務省内で作成された各種ノート、覚書、他機関から外務省に送付された文書類、意見書、新聞・雑誌の切り抜きなどあらゆる外交関係の情報類を収録した第一級の（そして膨大な）史料群です（注6）。

このうち中国・日本関係の文書のマイクロフィルムの一部が東京大学総合図書館に収蔵されています。そのリール数は三千弱。マイクロフィルムは通常一本百フィート（約三〇メートル）ですから、全部で九〇キロメートル弱ということになります。とても簡単に調査できる分量ではありません。

しかし幸いなことにFOは文書の年代や性質によって大まかな分類がなされています。そこで一九〇五年までの中国関係の一般往復文書（General Correspondence）――主に外務大臣と在外公館長との間、ないしは外務大臣と在ロンドン外国使節との間の往復文書類――をまとめた「FO17」という史料群をターゲットとすることにしました［図8］。

図8　東京大学総合図書館蔵FO17のマイクロフィルム

FOの一般往復文書は国別にまとめられていて、17は中国を示すコードなのです。その内容は、欧米の会社による中国での電信網敷設や鉱山開発、在中宣教師の問題、中露関係、在中イギリス人の生死や結婚の把握など、多岐にわたります。そしてもちろん中国沿海におけるイギリス船の難破に関する文書も豊富に含まれています。

こうしてターゲットは絞ったものの、FO17だけでも全部で一〇一三リールあります。これまたまともに取り組んでいてはいつ終わるかわかりません。

そこで重要となるのが年代です。幸運なことに、すでに日本の「琉球藩在勤来往翰」から、事件が一八七二年九月に発生したことはわかっていましたから（39ページ参照）、その前後に年代を絞って探すことにしました。捜索は新居氏が担当し、二〇〇九年一〇月二日、東京大学総合図書館内のマイクロフィルム・リーダーを使って「ＦＯ大作戦」が始まりました。

図９　マイクロフィルム・リーダーを使ってＦＯを読む

船の名前すらわからない中、年月日や場所、乗員や生存者の数などを手がかりに、手書きの読みにくい文字が映された画面をにらむ作業が日々続きます［図9］。まるで砂漠に真珠を探すようなものです。そしてＦＯにオランダ墓関係の記録が含まれている保障はないわけですから、この努力は徒労に終わるかもしれない……そんな可能性を常に感じながらのしんどい作業でもありました。しかし幸運の女神は我々を見捨てなかったのです。

一二月一日、新居氏が「ありました！」と息せき切って渡辺のところにやってきました。一八七二年に「Loochoo（琉球）」の「Yamboro《ヤンボロ》（山原）」で難破したイギリス船に関する一連の文書が見つかったというのです［図10］。「宜名真」と

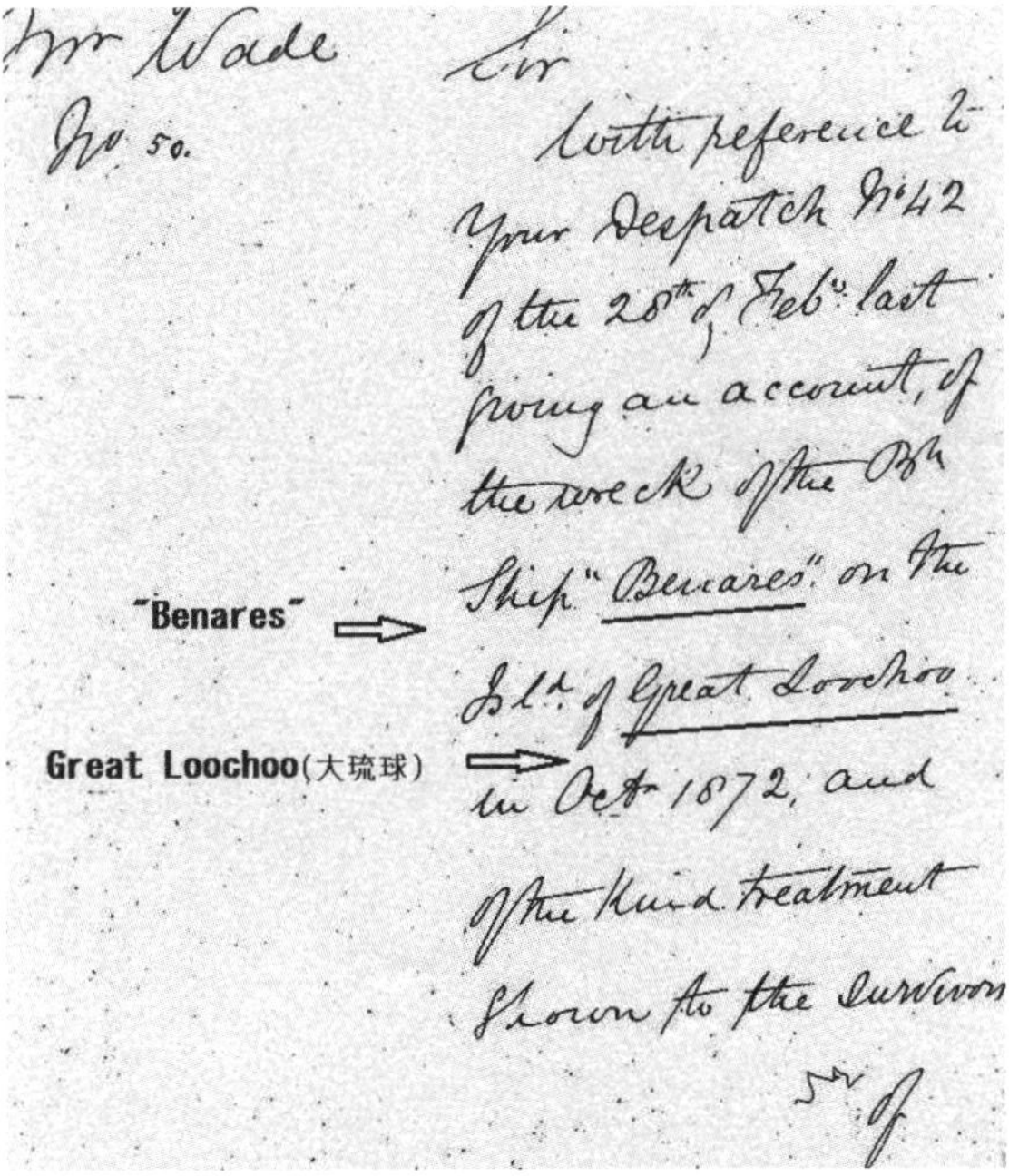
Mr Wade
No. 50.
Sir
With reference to
your Despatch No. 42
of the 28th of Feby last
giving an account of
the wreck of the Br
Ship "Benares" on the
Isld. of Great Loochoo
in Octr 1872, and
of the kind treatment
shown to the survivors

図 10　発見されたＦＯの一部（ＦＯ 17/651 部分、イギリス国立公文書館蔵）

いう地名こそ出てきませんでしたが、山原は宜名真を含む沖縄本島北部の呼び名。年代も一致しており、どうも大作戦のミッションは一気に最終段階に突入したようです。さっそくさらに数日かけてこの文書を新居氏に詳しく調査してもらうことにしました。

　調査の結果、関連文書は全部で二三件あることがわかりました。それらは当時の駐清イギリス公使ウェード（Thomas Wade,1818-1895）、駐上海イギリス領事であったメドハースト（Walter Henry Medhurst,1822-1885）や駐上海イギリス領事館の通訳官マレー（John Gillespie Murray, ?-?）ら、あるいはイギリス本国の外務省や商務省の間でやりとりされた行政文書です。その中には遭難事件の生存者の話を記録したものや、死亡者の名簿、そしてこの事件を扱った上海の英字新聞ノース・チャイナ・デイリー・ニューズ（North China Daily News）の記事なども含まれていました。

これらの記録によると、船の名前は「ベナレス（Benares）」。一八七二年九月一三日に香港からサンフランシスコに向けて、茶・砂糖・米を積んで出航したところ、一〇月六日に琉球の山原沿岸で台風に遭い沈没した…とあります。遭難の日付は少しずれていますが、年代・航路・積荷については「琉球藩在勤来往翰」や『国頭郡志』の記事とほぼ一致しています。

ベナレス号の乗組員は一八名。船長のジェームズ・アンダーソン以下一三名が死亡し、そのうち四名が「琉球に埋葬された」と記されていて、これまた「琉球藩在勤来往翰」と完全に合致しています［図11］。なお宜名真のオランダ墓に埋葬されたのは二等航海士ロバート・ドゥメロー、料理人兼給仕サミュエル・ラッフル、見習生フレデリック・ブレット、A・B級の水夫ア

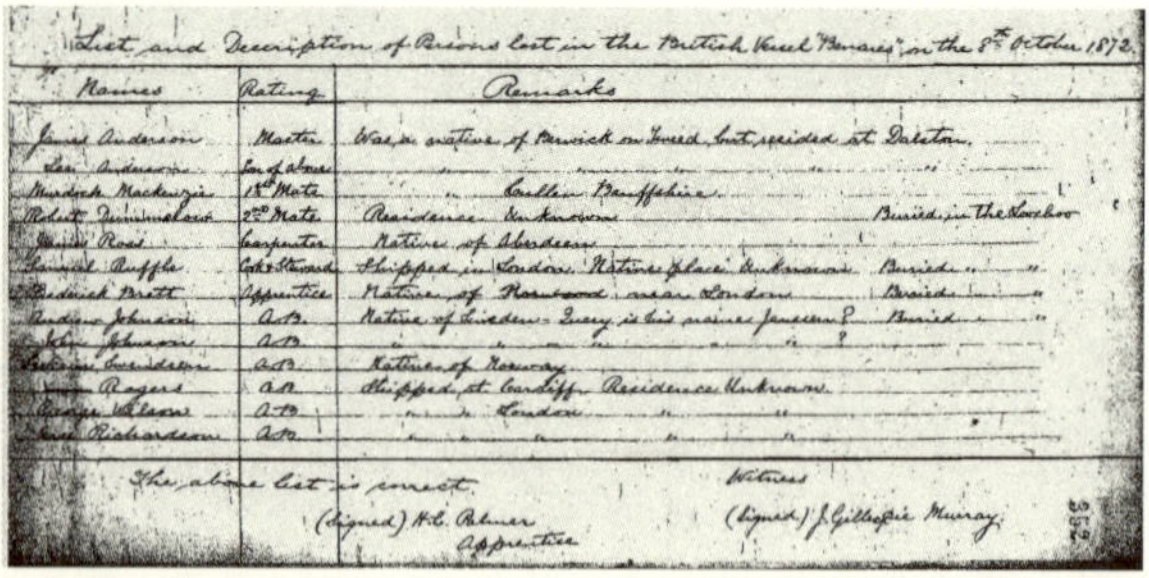

List and Description of Persons lost in the British Vessel "Benares" on the 8th October 1872.

Names	Rating	Remarks	
James Anderson	Master	Was a native of Berwick on Tweed, but resided at Dalston.	
[illegible] Anderson	Son of above	〃 〃	
Murdoch Mackenzie	1st Mate	〃 Cullen Banffshire.	
Robert [illegible]	2nd Mate	Residence Unknown	Buried in the Harbour
James Ross	Carpenter	Native of Aberdeen	
Samuel Ruffle	Cook & Steward	Shipped in London. Native place Unknown	Buried 〃 〃
Frederick Brett	Apprentice	Native of [illegible] near London	Buried 〃 〃
Andrew Johnson	A.B.	Native of Sweden. Query is his name Jansen?	Buried 〃 〃
John Johnson	A.B.	〃 〃 〃 〃 〃 〃 ?	
[illegible] Swendsen	A.B.	Native of Norway.	
[illegible] Rogers	A.B.	Shipped at Cardiff. Residence Unknown.	
George Wilson	A.B.	〃 〃 London 〃 〃	
[illegible] Richardson	A.B.	〃 〃 〃 〃 〃	

The above list is correct.
(Signed) H.C. Palmer
Apprentice

Witness
(Signed) J. Gillespie Murray

図11　ＦＯの死亡者リスト（ＦＯ 17/651 部分、イギリス国立文書館蔵）

ンドリュー・ジャンセンであることもわかりました。

ＦＯにはさらに、生存者が作成した救助を求める書簡が中国のイギリス公館に届けられ、カーリュー（Curlew）というイギリス船が琉球に彼らを迎えに行き、中国に連れ帰ったことが記されています。そして中国に戻ったベナレスの生存者たちの証言により、琉球人が彼らを非常に手厚く救護したことが判明し、イギリスから金の時計が琉球に贈呈されました。この点も「琉球藩在勤来往翰」や『国頭郡志』とまさに符号しています。

このようにＦＯに記された乗組員・生存者・犠牲者の数、生存者の帰国の経緯などが「琉球藩在勤来往翰」や『国頭郡志』とぴったり一致しており、この二三件の文書が宜名真のオランダ墓に関わる海難事故の記録であることは疑いないと考えられます。ＦＯの発見によって、長い間ベールに包まれてきた事件の詳細が突如として明らかになったのです。

次の第三節ではＦＯに何が書かれていたのかを、より詳しく紹介します。

三　イギリス人の見た琉球

いよいよFOからベナレス号遭難事件の顛末《てんまつ》をできる限り「復元」してみます。イギリス側のリアルタイムの記録によって、約一世紀半も昔の出来事が、まるで映画のように活き活きとよみがえってくる様子をぜひ体感してください。

（一）ベナレス号の遭難

FOには「イギリス船ベナレス号の損失」という見出しの、一八七三年一月二四日版ノース・チャイナ・デイリー・ニューズの記事が含まれています。生存者の一人ハロルド・パーマー（Harold Palmer）の証言にもとづく記事で、事件の概要がわかりやすくまとめられています。そこでまずこの新聞記事を主に利用して、遭難事件の当事者の目線から事件の様子を描いてみます。［図12］

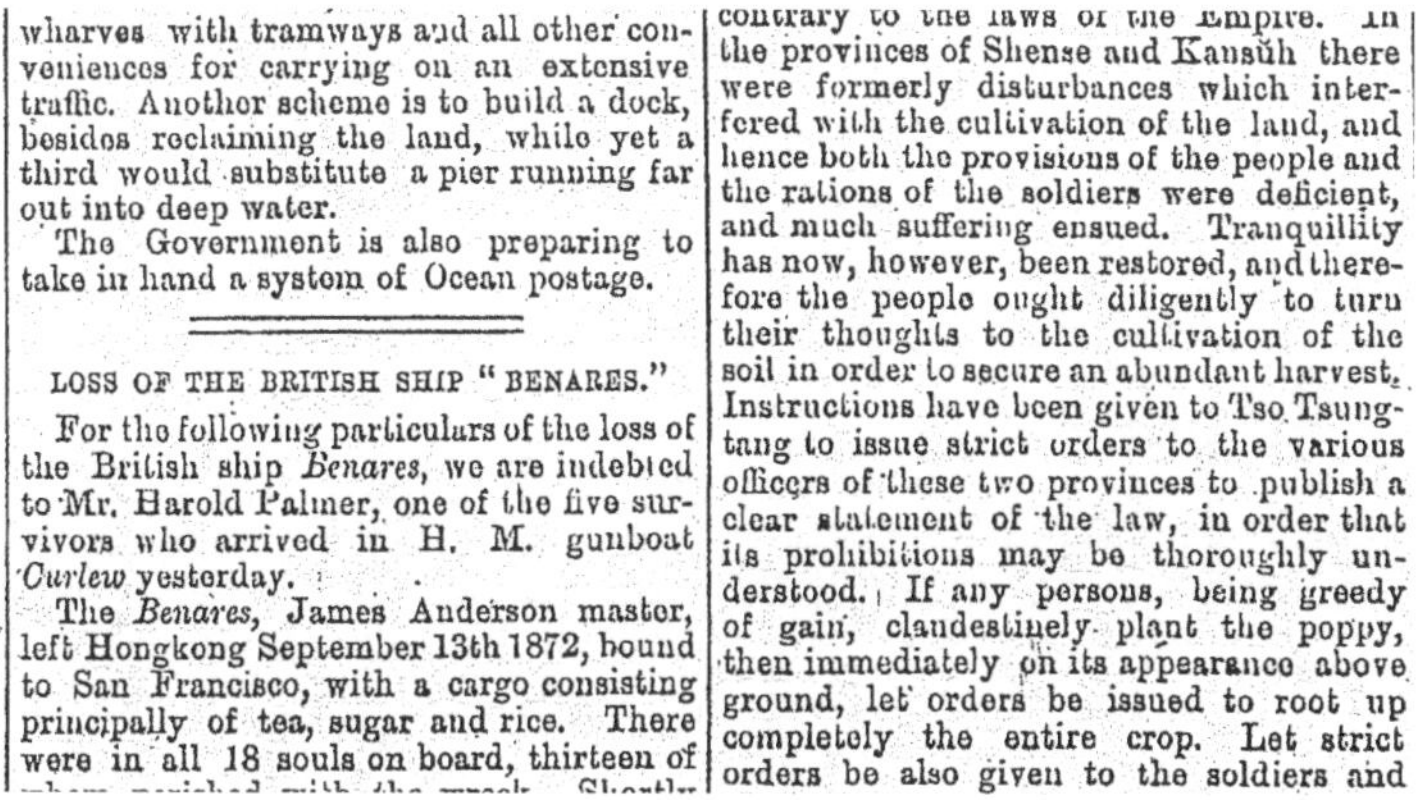

wharves with tramways and all other conveniences for carrying on an extensive traffic. Another scheme is to build a dock, besides reclaiming the land, while yet a third would substitute a pier running far out into deep water.

The Government is also preparing to take in hand a system of Ocean postage.

LOSS OF THE BRITISH SHIP "BENARES."

For the following particulars of the loss of the British ship *Benares*, we are indebted to Mr. Harold Palmer, one of the five survivors who arrived in H. M. gunboat *Curlew* yesterday.

The *Benares*, James Anderson master, left Hongkong September 13th 1872, bound to San Francisco, with a cargo consisting principally of tea, sugar and rice. There were in all 18 souls on board, thirteen of

contrary to the laws of the Empire. In the provinces of Shense and Kansuh there were formerly disturbances which interfered with the cultivation of the land, and hence both the provisions of the people and the rations of the soldiers were deficient, and much suffering ensued. Tranquillity has now, however, been restored, and therefore the people ought diligently to turn their thoughts to the cultivation of the soil in order to secure an abundant harvest. Instructions have been given to Tso Tsung-tang to issue strict orders to the various officers of these two provinces to publish a clear statement of the law, in order that its prohibitions may be thoroughly understood. If any persons, being greedy of gain, clandestinely plant the poppy, then immediately on its appearance above ground, let orders be issued to root up completely the entire crop. Let strict orders be also given to the soldiers and

図 12　「イギリス船ベナレス号の損失」の記事の一部（1873 年 1 月 24 日ノース・チャイナ・デイリー・ニューズより、国会図書館提供）

図 13　ベナレス号の航路

出航、そして遭難

一八七二年九月一三日、ベナレス号はサンフランシスコを目指して、香港を出航しました［図13］。ジェームズ・アンダーソン船長以下一八名が乗船し、主な積荷は茶・砂糖・米でした。ところが出発後まもなく北東の季節風が吹き始めます。風は徐々に強くなって、一〇月六日には強風に、八日には台風へと変化しました。そしてそこから悲劇が始まります。

悲劇の幕開けは、午前一一時に三本のマストのうちの前マストが吹き飛ばされたことでした。続いて後マストの上帆、大マストの中帆、後マストのガフ（帆を張るためにマストから斜めに出ている棒）など船を構成する重要なパーツが次々と風に持ち去られました。満身創痍となった船は進みながら激しく横揺れし、すべての乗組員は排水ポンプにかかりきりとなります。

午後七時頃、二等航海士のドゥメロー――後にオランダ墓に埋葬された人物です――が「風下真横に陸地がある」と報告しました。この陸地が琉球北部の宜名真海岸だったわけです。せっかく見えた陸地……しかしその時、船はもはや座礁を回避することは不可能な状態でした。

難破を覚悟した一行はポンプを放棄し、「その時」に命が助かるよう心の準備をします。しかし一〇分後には、船は激しく地面にぶつかり、すぐに真っ二つになり、また装備していたボート三隻もすべて流されてしまいました。

あたりは真っ暗で、乗組員の一部は船首側、残りは船尾側で船の残骸にしがみついていましたが、「助かる望みはほとんど、あるいはまったくなかった」そうです。

生死の境目

しかしこの絶望的な状態の中でも結果的には五名が助かりました。何が彼らの生死を分けたのでしょう。

生存者のうちの三名は船尾側に、二名は船首側にいました。船尾側は座礁から数分で解体してしまいましたが、三名はその時運良く漂っている破片をつかむことができたために溺死をまぬがれました。このうち二名は、鋭い岩でひどい傷を負って上陸しますが、幸いにも人の家を見つけます。すると住民が中に招き入れて世話をしてくれ、お陰で二名は一晩を快適に過ごすことができました。残りの一名はパーマーでしたが、彼はそれほど幸運ではありませんでした。というのも、彼が見つけた小屋の住人は恐怖の表情を浮かべて彼の目の前で扉を閉めてしまったのです。しかし彼はその後ヤギの囲いを見つけ、そこでどうにか一夜を過ごしました。

図 14　1948 年頃の宜名真全景（30 周年記念事業実行委員会編集部『宜名真郷友会三十周年記念誌』宜名真郷友会、1995 年、P. 141）

翌日、パーマーは先の二名を見つけ、一緒に難破船に向かいます。すると船首側はまだ水上にあり、二名が必死でそれにつかまっているのが見えました。彼らは一晩中、不安定な状態で持ちこたえていたのです。この二名は地元住民の懸命な努力によってどうにかこうにか救助され、疲労困憊《ひろうこんぱい》の状態で上陸することができました〔図14〕。まさに九死に一生を得たわけです。

パーマーら五名の生存者は、海中の鋭い岩にもまれたためほとんど裸に近い状態でしたが、最終的に琉球藩（旧首里王府）の役人が衣服を支給するまで、地元住民は五名に自分達の衣服を貸してくれました。一方同日、難破事故の犠牲となった一三名のうち四名の溺死体が岸に打ち寄せられます。それらも住民が引き揚げ、パーマーいわく「状況が許す限り立派に」埋葬されました。

琉球の生活

やがて「まずまずのピジン・イングリッシュ（現地語の影響を大きく受けた通商用英語）を話すことができる二人の裕福な島民」がやってきます。琉球藩から派遣された通訳官と考えられます。この通訳官から、パーマーらは「二隻のジャンク船」が中国へ向けて出発しようとしていると教えられます。琉球の進貢船がまもなく出航することを告げられたのでしょう。そこですでに準備してあった中国にいるイギリス人へ宛てた書簡をこの船に託すことにしました。

琉球側は念のため書簡の写しを作成し、一通は上海の、一通は福州のイギリス領事館を宛先

図15　1842年の駐福州イギリス領事館　（John Dickie, *The British Consul: Heir to a Great Tradition*, Columbia University Press, 2008, P. 181）

として、それぞれ別々の船に託し中国へ運びます［図15］。進貢船の入港地は福州で、一隻がもう一隻より八日から一〇日前に着きましたが、たまたま先に着いたのは上海宛の書簡でした。このため中国のイギリス領事館がベナレスの生存者のことを知るのが多少遅くなったと考えられます。

　パーマーらは宜名真（Yamboro）に八日間滞在した後、安谷屋（W-ai-nêng）へ移動し、一四日ほどして那覇（Na-Fa-Goosy-Ku）へ送られました。そしてそこでひたすら、いつ来るのかわからない迎えを待つことになります。ノース・チャイナ・デイリー・ニューズは、じりじりと月日が過ぎていくのを待つ生存者の様子を次のように記しています。

　それから二カ月過ぎたが、救援の音沙汰は無かった。それで生存者は現地人から数枚の大きな白い布を調達し、それぞれに「WRECK（難破）」と書いた後、近くを通る船がその合図に気づくよう、これらの布を島の目立つ場所に置くように頼んだ。

音沙汰を待つ長い期間中、葦と竹だけで作られた小屋に住む男たちと厳しい見張り人が、生存者が指定の場所を越えて歩き回らないよう監視を続けた。さらに、現地人はもはや彼らを留めておきたくないように見えるにもかかわらず、現地人の所有するジャンク船に乗せて、生存者を海へ出すことはどうしてもしなかった。なぜなら現地人は、外国人と一緒に航海することに対する偏見があったからである。

不安な日々を過ごす一方で、パーマーらは琉球側の対応は非常に手厚いものであると感じていました。記事には次のように書かれています。

現地人の、不運な客人に対する親切は、際限のないものであった。常に現地人は、彼らの自由になる食材、すなわち主にヤムイモ、サツマイモ、魚、そして豪勢な場合には少しの米からなる食事を、彼らの間では一般的な頻度である一日に六度、一緒にとるよう生存者にすすめた。クリスマスが近づくと、難破者たちはその宿の主人たちに、それは外国人にとって特別な祝祭の時期であると伝えた。すると彼らは、生存者により大きな自由を与え、彼らが以前そうしていたように一日に二度食事をとるよう促すことで、クリスマスというものに対する正しい理解を示そうと努めた。

迎えの船

一月二日ないしは三日、奄美大島から使者が到着し、あるイギリス砲艦がベナレスの生存者を捜索していることを伝えます。これが中国からやってきた迎えの軍艦カーリュー号でした。使いの者がパーマーらのところに到着すると、彼らは那覇港に連れて行かれ、まもなく船上の人となります。

カーリュー号はすぐに福州へ向かい、一八七三年一月二三日に上海に到着しました。新聞記事は次のような文章で締めくくられ、琉球の人々の無償の親切と難破事故のすさまじさが強調されています。

彼ら難破船の乗組員を、これほど大切に扱った役人と村民たちに対し、報償の申し出がなされたが、ほんのわずかな報償でさえも、彼ら（琉球人）は受け取ることを固辞した。難破船が大破した場所にカーリュー号が着くと、唯一の痕跡である、舳先につけられた錨《いかり》が、暗礁の出っ張りに突き刺さっていた。

この記事からわかるように、パーマーらは琉球による食糧や衣服の支給が無償でなされたことに大変な感銘を受けています。そしてこのことが琉球側の親切への恩返しとして、後のイギリス政府によるお礼の品の贈呈に繋がっていくわけです。

しかしここで一つ注意しておかなくてはならないことがあります。それは欧米船への食糧などの無償支給は、琉球の首里王府の政策だったということです。

王府は、欧米諸国との接触による様々なトラブルを恐れ、欧米船の来航を極力避けたいと考えていました。とはいえ琉球のような小国では、武力で欧米船の来航を阻止することはできません。

そこで王府は、武力以外の方法で欧米船がなるべく琉球に立ち寄らないように工夫します。その方法とは「琉球は小国で産物も乏しい」などとことあるごとに琉球がいかに魅力のない国であるかを欧米人に訴え、必要な食糧や薪を無償で与えて早々に琉球を立ち去ってもらうよう努めるというものでした。無償としたのは、有償とするとお金さえ払えば必要なものが手に入ると欧米人に思われてしまい、欧米船が琉球にさらに頻繁に立ち寄るようになってしまうことを恐れたためです。

パーマーらが感じた琉球の「親切」……もちろん親切な村人や役人も沢山いたことでしょう。しかしそもそもの大前提として前述のような琉球の政策が存在したこと、それがパーマーらに親切と「誤解」されてしまったこと、この「誤解」が新たな欧米船の来航を招くという琉球にとっては皮肉な結果となったことを、心に留めておいていただきたいと思います。

（二）カーリュー号の来航

次に少し視点を変えて、ベナレス号の生存者を迎えに来たカーリュー号の視点から、その船旅を紹介します。カーリュー号はコットン（Cotton）海軍大尉を司令官とするイギリスの軍艦で、ベナレス号生存者捜索の命を受けた上海のイギリス領事館の通訳官マレーが同乗していました。

このマレーは琉球から戻ると一八七三年一月二三日付で報告書を作成します。これを受けて一月二七日、上海イブニング・クーリエという英字新聞が、マレーの報告書を情報源とした記事「琉球への旅」を掲載しました。

この記事は同新聞の週刊版である上海バジェットにも掲載され、それがマレーの報告書とともにＦＯに収録されています。そこでここでは主にこれらの記録にもとづいて話を進めていくことにします。

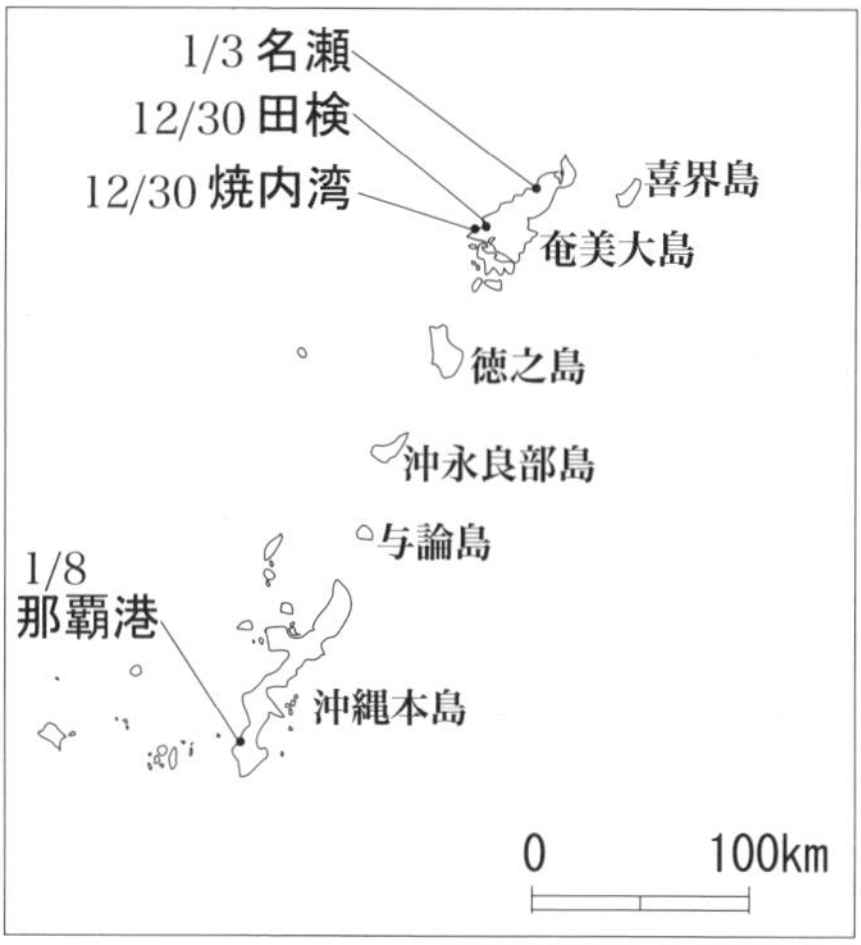

図16　カーリュー号の主な係留地

出航、大島へ

一八七二年一二月二七日の朝、イギリス軍艦カーリュー号は錨を上げ、琉球諸島に向けて上海を出航しました。航海の目的はもちろん遭難したベナレス号の生存者を探すことです。船は三〇日の午前一〇時に奄美大島北西部にある焼内湾《やけうち》(Hancock Bay)の湾口に停船し、そこからゆっくりと蒸気力で前進して田検(Takieu)という集落の対岸にある小さな入り江に錨を降ろしました[図16](注7)。ところでなぜカーリュー号は沖縄本島ではなく、奄美大島にやってきたのでしょうか。新聞記事には次のように書かれています。

到着してすぐにこの場所の村長が、洋服を着た日本人やほかの現地人とともに我々のところへやってきた。日本人は少し英語を話すことができたので、彼に通訳をしてもらい、五人の遭難者が島の北部のどこかにいると思われることを告げた。村長はこの件についてはほとんど知らないようだったが、北にある名瀬と呼ばれる中心村落まで特使を送り、すべての詳細についての情報を得ると約束してくれた。

そこで我々の司令官であるコットン海軍大尉は、そこにいるかもしれない難破者に我々の所在を知らせるために、特使に託して手紙を送った。三日以内に返事を受け取ることができるだろうということだった。

つまりマレーらはベナレス号の生存者が大島にいると思っていたのです。恐らく生存者が伝えた「琉球の北部で難破した」という情報を誤解してしまったのでしょう。

大島の人々

名瀬からの返事を待つ間、マレーらは焼内湾を調査したり、田検の様子を観察したりして過ごしました。その時出会った大島の人々について、新聞記事には次のように描写されています。

　現地人たち——みんな背がとても低かった——は、まったく無害で極貧であることが分かった。彼らの主食は、サツマイモ、赤い殻のあるクリの実〔ソテツの実か〕、すりつぶして粉にして用いる〔何かの〕さや、湾で捕れる魚であった。彼らは夜間に小舟に乗って、この〔魚を捕るという〕仕事に従事する。その小舟の多くは、ただ木をくりぬいて作ったものである。魚を捕る間、舳先では松明が灯され、水面に映る無数の灯りがとても美しい。彼らは全く無色のサキ〔酒〕を蒸留し、それはかなり私の好みに合うものだった。彼らの衣服は自ら織ったもので、それは華美なものではない。寝間着の上に着るガウンのようなローブを着て彼らの身支度ができあがる。さらに身分の高い者は二本の長い金属製のかんざしを髪に挿し、身分の低い者は同じようなかんざしを一本指す。女性の手にはどの指にも上から下までいれずみがあり、わずかに容姿の良い者もいるが、大半は明らかに醜い容貌だった。彼らの住む所はしっくいと木で作られた小屋で、身分の高い者は床を地面から上げていた。火は部屋の中央の大きな平たい石の上で燃やされ、煙を出来る限り逃がしていた。我々が立ち寄ることの出来た小屋では、みな酒が出されて勧められ、子供以外の誰も我々を恐れないようだった。

百年以上前の大島の情景が目に浮かぶような観察記録です。残念ながら大島の女性たちはマレーらのお眼鏡にかなわなかったようですが、奄美の酒（焼酎）はたいそうお気に召したようです。

名瀬へ

一八七三年一月二日、大島の長官が名瀬からの返信を持ってカーリュー号までやってきます。返信には、名瀬で難破事故があり日本人六名の遺体が陸へ打ち寄せられて埋葬されたこと、生存者は五名で薩摩の領主の船で日本へ移送される予定であることが記されていましたが、イギリス人に関しては何も書かれていませんでした。この情報に混乱したマレーらは、とにかく名瀬へ行き自分たちで事実を確認することにします。

一月三日の早朝、カーリュー号は錨を上げ、正午過ぎに名瀬港［図17］に到着しました。ただちにコットン大尉とマレーが上陸し、色々と苦労して情報を集めた結果、ようやくベナレス号の生存者はこの島にはいないということが判明します。一行はすぐに沖縄に向かおうとしましたが、天候が悪化したため、数日間名瀬へ逗留することになりました。

那覇へ

一月七日の午後、天候の回復とともにカーリュー号は大島を離れ、八日の午後に那覇港（Napa Kiang）に錨を下ろします。浜辺には沢山の琉球人が好奇のまなざしでカーリュー号を見つめていました。まもなく何名かの琉球人――恐らくは琉球藩の役人たち――が船を訪れます。その中に英語を少し話せる男がいて、この島の田舎に五人の遭難者が滞在しており難破以来そこで世話を受けていると告げました。さらに彼は、使いを送って翌日カーリュー号まで生存者を連れてくると約束してくれます。

翌朝、マレーらはベナレス号の生存者に対する親切な取り扱いに感謝しようと、那覇の長官を訪問しました。すると長官は威厳をもって彼らを迎え入れ、沢山の美味しい琉球の産物で作った非

図17　1830年頃の名瀬港（名護博物館蔵「琉球嶌真景」より）

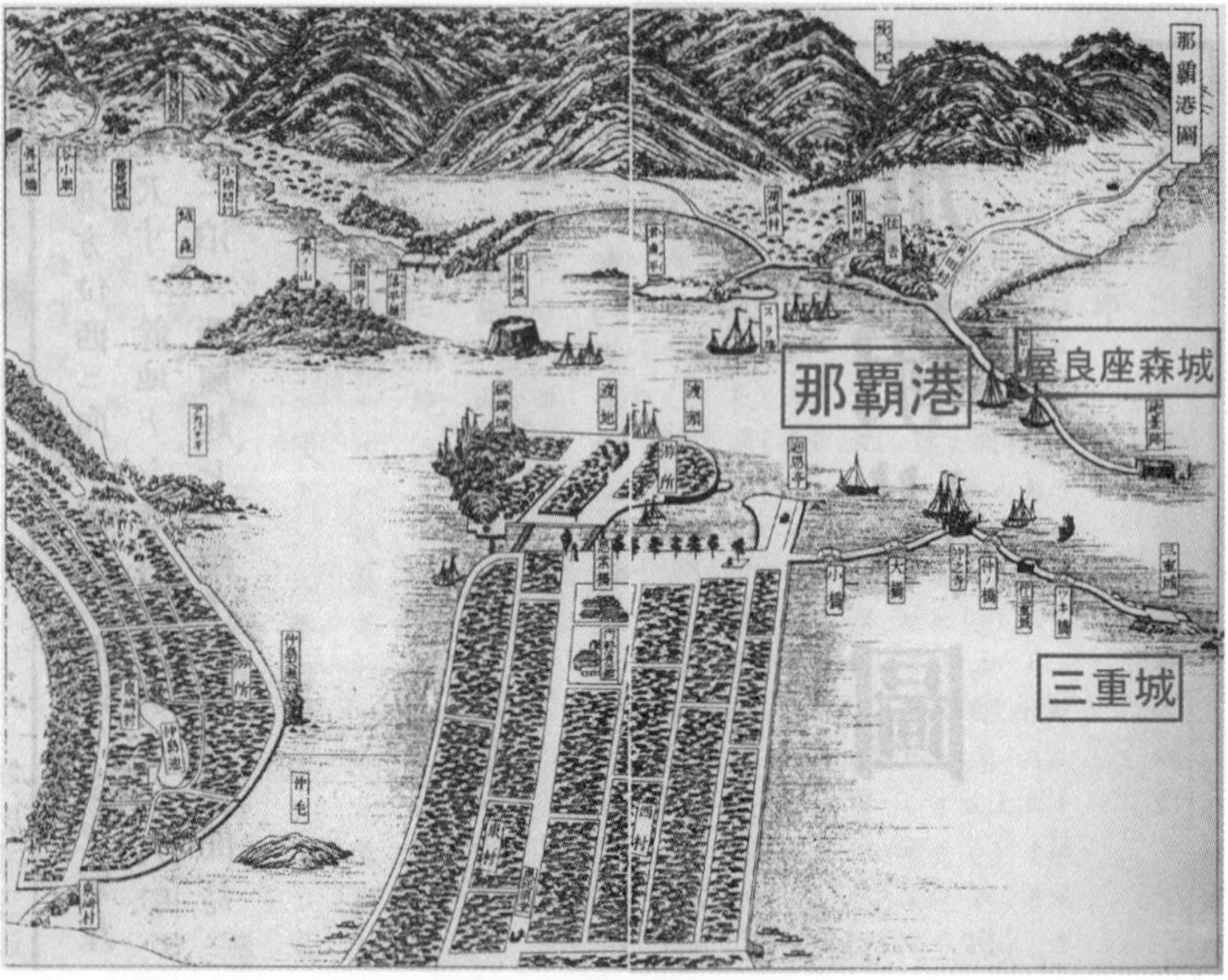

図18　那覇港と屋良座森城・三重城（伊地知貞馨『沖縄志』、1880年）

常に立派な昼食を出してくれます。

食事が済むとマレーらは那覇港を見て回ることにしました。彼らの好奇心を引きつけたのは「それぞれに砦を備えた二本の桟橋に囲まれたジャンク船の波止場」でした。この砦とは、一六世紀に那覇港口に築かれた屋良座森《やらざもり》城《グスク》と三重《みえ》城《グスク》のことです［図18］。沖縄戦で破壊され現在は三重城の石垣の一部が残るのみですが、当時はもちろん健在でした。新聞記事には「桟橋は堅牢な石塊で、セメントを使わずに造られ、上は一二フィートの広さがあり、その出来映えはいかなる国名にも恥じないものだった」と記されています。

なおこの時、波止場にはジョン・イーストン（John Eyston）号というヨーロッパ船が停泊していました。この船はすでに三ヶ月以上ここに停泊して、黒砂糖を積み込んでいるということでした。時代の変化の中で、琉球が経済的にも欧米と関わりを深めていたことがうかがえます。

その後一行は港のメイン・ストリートを散策し、さらに「首都は那覇からたった四マイル（約六キロ半）しか離れていない」と聞いて、首里（Shuey）へも足を伸ばしています。

やがて首里から船へ戻ると、那覇の長官が豚、子ヤギ、ニワトリなどを届けてくれました。長官はいかなる代償も受け取るつもりがない様子で、そのことがマレーらには驚きだったようです。

琉球を離れる

一月一〇日、ベナレス号の生存者救出という目的を果たしたカーリュー号は琉球を離れます。新聞記事には、その時の様子が以下のように記されています。

今や我々の遭難者たちを手に入れたが、たった一人の琉球人ですら説き伏せて、彼らへの親切に対する代償を受け取らせることはできなかった。我々は野蛮な土地などとは決して思えないこの地に別れを告げ、一月一〇日の朝に出発した。残念なことに我々は、現地人が浜辺まで運んでくれた多くの食糧を置き去りにした。彼らはボロボロに裂けた古いアメリカの旗を振って、我々にこちらへ来てその食糧を持って行くようにと合図をしてくれたのだが、波が岸壁に強く打ち寄せて、我々がたいそう必要とするものを手に入れることを妨げたのである。また風が非常に強い中で、現地人は怖くて自分たちの小舟を出せないようであった。

ここでもベナレス号の生存者に対する琉球の無償の親切が強調されています。しかしこの「無償」の背景には琉球の政策があったことは、すでに（一）（53〜54ページ参照）で述べた通りです。

一方、ここで興味深いのは、琉球人が古いアメリカの旗（星条旗）を振ってカーリュー号に合図をしたという点です。イギリス船相手にアメリカの旗を振っていますので、琉球人は、それが国旗であることは理解していなかったのかもしれません。けれども少なくとも彼らはこの旗を欧米人の旗であると認識し、欧米船に対する合図として利用していたことが、この記事から確認できます。ボロボロということはこれまでもた

図19　馬尾港の羅星塔：かつて航海の目印として利用された

びたび欧米船への合図として利用してきたのかもしれません。欧米船が相次いで来航するという時代の変化にしなやかに適応する琉球の人々の様子がリアルに伝わってきます。しかしこの旗は一体どこから出てきたのでしょうか。ひょっとすると、かつて琉球に五度も寄港した、あのペリー艦隊の置き土産だったのかもしれません。

その後、カーリュー号は福州郊外の馬尾（Pagoda Anchorage）〔図19〕で石炭と食糧を補給し、一月一七日に再び出航し、一月二三日に上海に到着しています。こうしてベナレス号の生存者はようやく無事に中国に戻ることができたのです。

（三）カーリュー号の再来

一八七三年一一月、カーリュー号は再び琉球を訪問します。ベナレス号の乗組員への親切に対し、イギリス政府から琉球政府へ贈られたお礼の品を届けるためでした。ここではFOにもとづいて、このカーリュー号の二度目の旅の概要を見ていきます。

イギリス外務省の決定

カーリュー号が琉球から上海に戻った翌日（一八七三年一月二四日）、船を迎えた駐上海イギリス領事のメドハーストは、北京のイギリス公使館に駐在していた公使ウェード〔図20〕に手紙をし

図20　ウェード（The Far East. New series, Vol.1, no.2, August 1876, P.30.）

たためました。

その中でメドハーストは、カーリュー号がベナレス号の生存者五名を救出して無事上海に帰港したこと、彼らが琉球の官民両方から非常に親切な待遇を受けたことを報告し、「那覇港当局に対し何らかの形で速やかにその親切へ感謝の意を公式に表明すること」を提案します。ウェードはこれに賛同し、二月二八日付の書簡で本国の外務省にメドハーストの提案を伝えました。

やがてイギリス外務省からウェードに対して返信（同年六月一四日付）が来ます。それは「ベナレス号の生存者に対する親切に感謝して、イギリス政府から琉球諸島の政府に贈呈する金時計と鎖」をウェードに送るので、これらの贈り物を琉球の王府に届けるよう指示するものでした。イギリス政府から琉球藩へお礼の品を届けることが正式に決定され、またそのための品物が北京まで運ばれてきたわけです。

カーリュー号の出発

本国からの指示を受け、ウェードはさっそくお礼の品を琉球へ届ける準備を始めます。その様子を外務省へ報告する彼の書簡（一八七三年一二月二九日付）を見てみましょう。

親愛なる〔外務省の〕閣下

閣下からの六月一四日付の〔外務省の〕文書により、イギリス船ベナレス号の乗組員へのもてなしに対し、イギリス政府からの感謝のしるしとして琉球諸島の政府へ金時計を届けるようにとの指示を受けました。

私はこの島における最高権力者は国王その人だと信じており、また実際にその通りだと思います。また琉球の政府が通商の類を嫌悪していることはよく知られており、それが贈り物の拒絶に結びつくのではないかとの懸念がありました。そこで私は国王の最高大臣へ書簡をしたため、この時計がいかなる経緯で贈られることになったかを説明し、贈り物が地方あるいは中央のどの権力者に渡されるべきか決定してくれるよう、その大臣に頼みました。時計と手紙は、イギリス船カーリュー号を指揮するチャーチ艦長に渡されました。この戦艦は、かつて異なる指揮官の下でベナレス号の生存者たちを連れ帰ってきました。私は、この先の何かの機会に若干の文通が必要になる可能性を見越したチャーチ艦長の意向に沿って、ブレナン氏を通訳官に任命しました。ただし日本の領事館は親切にも、その館員の一人であり、琉球人と話すことのできる人物を、我々に貸し与えてくれました。

ブレナン氏は、完遂した今回の派遣の成功は、この和田という名の紳士に負うところろが大きいとしています。現地における最高位の人物が、時計を受け取ることに非常に乗り気であるとわかると、チャーチ艦長は、ブレナン氏の助言に従って、私の書簡をしまっておくことにしました。もちろん私は彼がそのようにしたことを承認しました。

（後略）

つまりお礼の品を届ける船として、再度カーリュー号が琉球へ赴くことになったのです。艦長はチャーチ（Church）、また通訳官としてイギリス領事館のブレナン（Brenan）と日本領事館の和田なる人物が同行しました。ウェードは、琉球の政府は「通商の類」を忌避しているためにお礼の品を受け取らないのではないかと心配し、「国王の最高大臣」に対して書簡を準備しています。欧米船に食糧などを無償支給し代金を受け取ろうとしない琉球の政策を、ウェードは「通商の類の忌避」と理解していたのでしょう。

結局、和田の仲介により琉球がお礼の品を受け取るつもりであることがわかり、ウェードの心配は杞憂に終わっています。

二度目の琉球の旅

一八七三年一一月八日早朝、カーリュー号は上海を出航し、一一日の午後に那覇港に到着しました。ＦＯには、通訳官のブレナンが作成したウェード宛ての旅のレポート（同年一一月二〇日付）

が収録されています。それによるとブレナンは和田氏やオスロ（Oslo）海軍中尉とともに上陸し、「ある身なりの良い琉球人」によって「公会堂」へ連れて行かれ、日本の役人に引き合わされました。

この役人はすでにカーリュー号の来航とその目的を知っていて、それは少し前に明治政府から伝えられたということでした。和田氏を貸し与えてくれた中国の日本領事館から、明治政府の外務省経由で連絡が行っていたのでしょう。

この日本の役人は、首里にカーリュー号の来航について報告し、ブレナンらの応接について相談した上で、結果を伝えると約束してくれました。

話がまとまったので一行が船へ戻ろうとすると、また別の日本の役人を紹介されます。彼は、琉球藩の「徴税人および行政官」として明治政府から任命されたクサキ（Kusaki）氏という人物で、一行を別の公的な建物へ連れて行き、お茶と果物を振舞ってくれました。

彼もカーリュー号の訪問の目的を知っていて、その口調からは、琉球がイギリスの贈り物を受け取るのに何の支障もなく、また国王がそれを非常に喜んでいるらしいことがわかりました。ブレナンらはこのクサキ氏が翌朝カーリュー号のチャーチ艦長を訪ねることに同意して、船へ戻ります。

翌一二日の朝八時、クサキ氏が約束通りカーリュー号にやって来ました。

彼は、首里で午後二時からブレナンらの歓迎会を開く準備が行われており、上陸する場所には轅《ながえ》（Caughoo）―駕籠《かご》のながえ―と仔馬が用意されることになっていると告げます。

クサキ氏によれば、国王は病気だが、その代理として国王の叔父である高官が一行を接待する、ということでした。その後、クサキ氏は船上で一時間ほど過ごし、首里でまたお目にかかりましょうと言って船を去ります。

午後一時、ブレナンは、チャーチ艦長、コットン海軍大尉、オスロ海軍中尉、クレメント氏、和田氏とともに上陸しました。そこには確かに轅（とおそらくは駕籠）と仔馬、そして従者が用意されていましたが、一行は歩くことを希望し、三マイルほど歩いて首里城に到着します。

城門をくぐると三つの大きな建物に囲まれた庭があり、建物の一つの入り口にクサキ氏がいて、国王の叔父や他の高官にブレナンらを紹介してくれました。

その後、一行は歓迎会場に迎え入れられ、様々な種類の皿が並べられた小さなテーブルを囲んで座るよう促され、料理を食べるよう勧められます。

そこで食事の前に、チャーチ艦長は国王の叔父である最高大臣に挨拶し、島に漂着した不運なベナレス号の乗組員に対する琉球人の親切な世話にイギリス女王と国民がいかに感謝しているかを伝えました。和田氏がこれを通訳すると、今度は琉球人がこの立派な贈り物を非常に喜んでいると答えました。それから歓迎の宴が始まり、親善の言葉を何度も交わした後、一行は城を出てカーリュー号に戻ります。

宮古島の難破船

ところでブレナンらは首里城での宴の際に、気になる話を耳にしました。三か月ほど前に宮古島諸島（Miacosima group）で欧米船が難破し、その後生存者がどうなったのかよくわからないというのです。

一三日、ブレナンはさらなる情報を得るため再度那覇へ上陸し、例のクサキ氏に会いました。彼は宮古島の役人から受け取った手紙を見せてくれます。そこには大破した船、船に装備されていた軽ボートの航跡、珊瑚礁、海岸などの絵が、長さ・広さ・距離を記した注釈とともに描かれていました。ブレナンらは帰途に宮古島に寄り、もし生存者がまだそこにいた場合は中国へ連れ帰ることを申し出ます。

翌一四日、土地勘のある琉球人二名がカーリュー号に派遣されてきました。船は彼らを乗せて出航し、一五日の正午に宮古島に到着します。軍艦の小艇に二人の琉球人とブレナン、オスロ氏、和田氏が乗り込んで岸へ近づき、とある村を発見して上陸しました。

彼らはその村の「明らかに高い地位にある男性」と会見し、難破船は福州からオーストラリア南部のアデレードへ向かうドイツの「ロベルトソン号」で、七月に宮古島で遭難したことを聞き出しました。その時の生存者は婦人一名を含む計八名で、島に一カ月ほど滞在した後、琉球側が提供したジャンク船ですでに中国へ戻ったということでした。

海岸にはその船のボート、錨、積荷や茶の類が丁寧に並べて置かれており、これらの品は

「疑う余地なく、これからもずっと当地に残されることでしょう」とブレナンは述べています。その後、カーリュー号は一五日の晩に宮古島を後にし、一九日午後に上海に到着しました。ところでここに出てくるロベルトソン号は、第三章五（四）で後述する宮古島宮国沖で座礁したドイツ商船のことです。ブレナンの予想に反し、残念ながら現在その遺物はほとんど残っておらず、海中からの発掘が待たれています。

なお本章二（一）で紹介した喜舎場朝賢の文章には、宜名真の難破船はドイツ船であると記されていましたが、このロベルトソン号と勘違いしてしまったのかもしれません。

琉球の記録から見たカーリュー号の再来

二度目のカーリュー号の来航に関しては、琉球の正史『球陽』（附巻四、一二三九号）に「今年（一八七三年）、英国の官員が、政府の命令を受けて謝恩のためにお礼の品を持ってきて国王に贈呈した」というタイトルで詳しい記事が漢文で掲載されています。それによるとカーリュー号は那覇の北西部にある泊《とまり》村付近に停泊したようです。

まず外務省の吏員（等外二等）である小菅直達らが船を訪れ事情を尋ねたところ、「一八七二年にイギリス船（ベナレス号のこと）が琉球近海で座礁し乗員が溺死しそうになったが、幸いにも琉球人に救助されたので、その謝恩として金時計・金鎖を貴国に贈呈するために、政府の命令を受けて軍艦で上海を出航し、やって来ました。船中の人数は八〇名です」とのことでした。ブレナンらが最初に会った日本の役人とは、恐らく小管直達だったのでしょう。

『球陽』には、その後イギリス人二名と倭人の六等書記生和田雄次郎が那覇から上陸して和使監守館舎（注8）に行こうとしたところ、途中で偶然、福崎季連に会い、ともに親見世《おやみせ》（那覇の役所の一つ）（注9）に赴いたとあり、和田氏の名前は雄次郎、クサキ氏は福崎季連であったことがわかります。福崎季連は外務省九等出仕として琉球に駐在していた薩摩の人です（注5参照）。

　上陸したイギリス人は国王に謁見してお礼の品を贈呈したいと申し出ますが、琉球側は国主（国王）の病気を口実に堅く断ります。しかしブレナンらはあきらめず、今度は「首里城を訪問して摂政・三司官に拝謁し、摂政にお礼の品を預けるので、後で国王に渡してほしい」と希望してきたため、琉球側は断る口実がなく、その申し出を許すことになりました。こうして「英人翻訳官・璧利南《ブレナン》、艦長・卓芝《チャーチ》」らが首里城を訪れることになったのです。その日、首里城では「西殿」（北殿の別称）に宴席を設け、摂政らの高官がイギリス人をもてなしました。

　宴の際に摂政らが、宮古島の役人から「喜耶阿麻根《ジャーマン》国」の商船が宮古島で難破し生存者が上陸したと連絡があったが、彼らがまだ島にいるかどうかはわからない、という話をします。これが前述したロベルトソン号のことです。『球陽』の記事は、ブレナンらが帰国時に宮古島に寄り、生存者がいた場合は連れ帰ることを申し出たため、朝廷（琉球藩）はこれを認め、琉球人二名をカーリュー号に派遣して宮古島へ同行させた、という文章で締めくくられています。

◆コラム1　地元に残る貴重な記録　―諸喜田福保《しょきたふくほ》の「口上覚」―

ベナレス号の生存者を世話したり溺死者を埋葬したりしたのは、主に宜名真やその周辺の住民たちでした。そこで地元にこうした人たちについての記録が残っていないかと探してみたのですが、なかなか見つかりません。これはダメかなとあきらめかけた頃、今帰仁《なきじん》村歴史文化センター館長の仲原弘哲氏から、ある古文書のことを教えていただきました。それは今帰仁間切最後の地頭代（今風に言うと村長）だった諸喜田福保の口上覚（勤職書）です［図21］。そこには福保が地頭代になるまでの勤務歴が書かれているのですが、その中に次のような記事がありました。

> 明治五年九月一七日（一八七二年一〇月一九日）より同二九日（三一日）まで、阿蘭陀《オランダ》船一艘が国頭間切宜名真村の外干瀬《ふかびし》（沖合の礁原）で破船した件について、泳いで上陸した阿蘭陀人五名と琉球藩の役人が運天港口へ引っ越した時、命令を受け（彼らを運天まで連れて行く係を）首尾良く勤めました。

ベナレス号は九月二九日に宜名真で遭難しましたが、この記録から生存者は翌月一九日に宜名真を発ち、一二日間かけて北部地域の主要港である運天港に移動していたことがわかります。福保はその移動をサポートし、そのために事件の記事が彼の勤務歴の一つとして口上覚に含まれることになりました。短い記録ですが地元住民とベナレス号遭難事件との関わりを示す貴重な証拠です。

（渡辺美季）

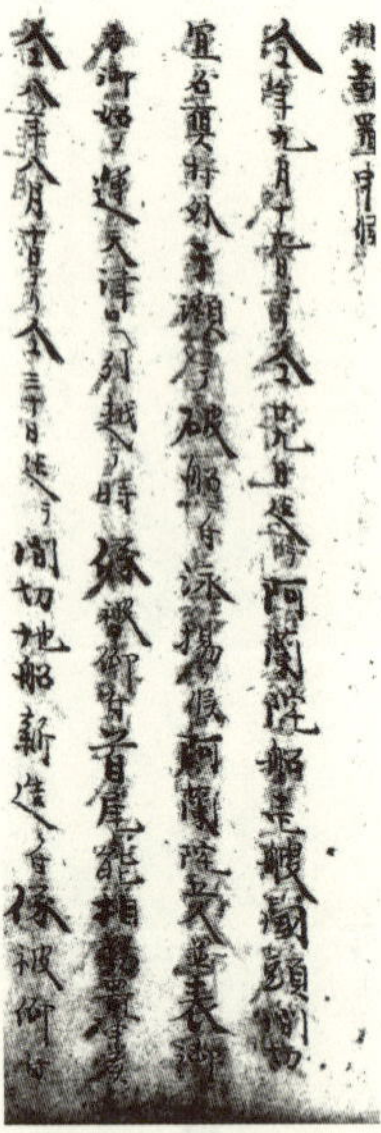

図21　「口上覚」（部分）
今帰仁村教育委員会蔵

四　再び水中へ

こうして多くの文字史料——特にリアルタイムで作成された記録——が見つかり、宜名真のオランダ墓に関わる遭難事件の詳細は一気に明らかになりました。通常、水中に遺物が発見されたからといって、対応する文献記録が出てくるとは限りません。ですから宜名真のケースでは、大変な幸運に恵まれたと言えます。

しかし欲を言えばきりがないのですが、一つ残念なことがありました。それは文献記録から得られた多くの情報の中に、遺物、特に水中で発見された遺物——中国産陶磁器、ヨーロッパ陶器、フォークなど——に関わる情報がほとんど含まれていなかったという点です。

これだけ豊富な文献記録を調べても情報が出てこないということは、水中遺物については文献にこれ以上期待することは難しそうです。だとすれば遺物そのものを見直して、そこから何が見えるかを考えてみるしかありません。

（二）水中遺物の評価をめぐって

そこで南西諸島水中文化遺産研究会の考古学メンバーは、改めて、多いとはいえないベナレス号の水中遺物を検討してみることにしました。

遺物のうち、ヨーロッパ陶器やフォークは乗組員の日用品だろうということである程度説明がつきます。しかし中国産陶磁器はイギリス人の日用品とは考えにくく、商品として積まれていた可能性の方が高そうです。ところが商品にしてはこれらの品々、あまりにも「質が悪い」のです（29ページ参照）。また同じような陶磁器の発掘事例は沖縄では見当たりません。

質の悪さと沖縄ではまったく見られない珍しさ——調査に参加した宮城・片桐も、またメンバーの一人で外国産陶磁器に詳しい新垣力も「これは一体何なんだ？」、「どう評価すればいいんだろう？」と首をかしげ、あれこれ頭をひねりましたが、これといった手がかりのないままに時間が過ぎていきました。ところが二〇一一年二月二四日、思わぬ出会いが一瞬にしてこの疑問への答えをもたらしてくれたのです。

この日、当時、沖縄県立埋蔵文化財センターに勤務していた片桐のところへ一人のアメリカ人男性が訪ねてきました。彼はカリフォルニア在住のデーヴィッド・コーツ（David Coates）氏［図22］。日本への留学経験があり、琉球を含む東アジアの歴史と文化、特に焼物や織物に関心を持っているそうで、これまで何度も沖縄に来たことがあり、この時も沖縄を旅行中ということでした。このコーツ氏、流暢な日本語で、なんと宜名真の水中から出てきたあの質の悪い中国産陶磁器を見たいと言うのです。

驚いたのは片桐です。あの陶磁器が見たいというのもびっくりですが、そもそも彼はどうしてセンターにこれらの遺物があることを知っていたのでしょうか。

聞いてみると、コーツ氏はその数日前に宮古島市総合博物館を訪ね、たまたまそこに置かれていた埋蔵文化財センターの報告書を見たのだそうです。そして報告書に掲載されていた宜名真沖海底遺跡出土の中国産陶磁器の説明と写真を見て、センターにやってきたということでした。

図 22　デーヴィッド・コーツ氏：Three circles and dragonfly の碗を観察中

ではコーツ氏はなぜこの陶磁器に着目したのでしょうか。

コーツ氏いわく、「この陶磁器は、一九世紀から二〇世紀初頭にかけてアメリカにやってきた中国人移民、それも苦力《クーリー》など下層の移民たちがよく使用していたものだと思います。私はカリフォルニアで、昔、苦力たちが野営をしていた場所の発掘に参加したことがあります。そこからはこれと同じような中国産の碗や壺が沢山出てきました。それ以来、私はこの種の陶磁器に関心を持ち、色々と調べているんです」ということでした。

コーツ氏の言う苦力とは、一九世紀から二〇世紀初頭にかけてアメリカに渡り、低賃金で過酷な労働に従事した中国人移民のことです。黒人奴隷の解放によって労働力不足に陥った欧米諸国は、これに代わる安価な労働力として、中国人やインド人を使役するようになりました。特にアメリカでは、一八四八年のカリフォルニアでの金鉱発見をきっかけに始まったゴールド・ラッシュによって西部開拓が進展し、西部と東部を結ぶ大陸横断鉄道の建設が急ピッチで進められ、そこに大量の中国人移民が労働者（＝苦力）として投入されました。こうした状況の中で、沖縄でも一八五二年に、福建省の廈門（アモイ）から苦力を載せてカリフォルニアに向かうアメリカ船ロバート・バウン号が石垣島沖合で座礁する事件が発生しています。宜名真で遭難したベナレス号の行き先も、多くの苦力が渡航したカリフォルニア（のサンフランシスコ）ですから、彼らに販売するための生活雑器が積まれていたとしても不思議ではありません。

思いがけない情報に興奮しながら、片桐がさっそくコーツ氏の前にベナレス号の遺物を広げると、彼はそれを一つ一つじっくりと調査した上で、やはりこれらはアメリカで苦力たちが用いた類の陶磁器に間違いないと言いました。

決め手となったのは、白地に青い文様の入った碗の欠片です［図23］。コーツ氏によれば、これは英語で“Three《スリー》 circles《サークル》 and《アンド》 dragonfly《ドラゴンフライ》”（三つの円とトンボ）と呼ばれる文様の碗で、清の時代に広東省などで製造された代表的な「苦力たちの食器」だそうです。

こうしてコーツ氏のお陰で「宜名真の中国産陶磁器は何なのか」という大きな謎が解けました。その日は、片桐、同じくセンターに勤める新垣、そしてちょうど国頭村で調査中だった渡辺も駆けつけ、コーツ氏と四名で宜名真の遺物談義に花を咲かせました。

帰国後、コーツ氏はさらに、長い時間をかけてコツコツ収集したという関連資料のコピーをまとめて送ってくれました。彼が発掘調査に参加した中国人労働者の野営地（野《や》馬《ば》坡《は》という名前の遺跡だそうです）の出土遺物の写真、古い新聞記事、様々な博物館に少しずつ収蔵されている例の陶磁器の写真、関連する論文などです。

それによって私たちは、宜名真の中国産陶磁器についてさらに理解を深めることができました。中でも特に印象的だったのは、一八九〇年代にカリフォルニアのある農場で中国人労働者たちが、〝Three circles and dragonfly〟文様の碗の並ぶ食卓を囲んでいる写真です［図24］。もし宜名真で座礁しなければ、ベナレ

図 23　白地に青い文様の入った碗の欠片：左の破片の文様が Dragonfly、右の破片の左側の文様が Three circles

図24　“Three circles and dragonfly” 文様の碗（手前）で食事をする中国人労働者
(Behind the Seawall: Historical Archaeology Along the San Francisco Waterfront, 2, Figure9. 03 より)

ス号が運んだ陶磁器もこんな風に使用されていたのかもしれないと急にリアリティが増してきました。

コーツ氏によれば、苦力たちが用いたようなこの種の陶磁器を専門的に調べている人はおそらくコーツ氏以外にはいないだろうということです。そのコーツ氏が宮古島で偶然、沖縄県立埋蔵文化財センターの報告書を目にし、宜名真の水中遺物が見たいといって片桐を訪ねてきた――何か不思議な、運命の糸のようなものを感じます。コーツ氏がいなければいまだに宜名真の中国産陶磁器は正体不明のままだったことでしょう。運命の神様の絶妙な采配とコーツ氏の惜しみないご協力に私たちは心から感謝しています。

（二）三度目の水中調査

二〇一一年六月、研究会では改めて宜名真沖海底遺跡の調査を行うことにしました。

それまで私たちが実施してきた水中調査では、遺跡の有無とおおよその範囲を確認することが目的でした。とすると次の段階として、これらの調査で得られた成果をもとに、さらに具体的な内容に踏み込んだ調査を行い、遺跡をより専門的に評価することが必要となってきます。そのいわば一段階グレード・アップした水中調査の最初の対象として、私たちは宜名真を選びました。文献史学の方面から様々な記録が発見されたことで、水中でより詳細な調査を行えば、水中遺物・遺跡（考古学）、文献記録（歴史学）、陸上遺物（民俗学）の各方面から水中文化遺産の歴史的意義と可能性にさらに迫ることができると考えたためです。

内容としては、「目視による海底踏査を行い、これによって発見された海底面に露出している遺物について、GPSで位置記録を取得し、水深を測り、写真撮影を行う」ことにしました。これは海底の掘削等は行わずに、海底面に露出している遺物のみで可能な限りベナレス号の積荷や船体の実態を明らかにする試みです。GPSで取得したデータは、オルソ補正（斜めの角度から撮影された写真を、真上から見た「正斜投影」の状態に補正すること）された航空写真と重ね合わせれば、地図や写真上で遺物の具体的な場所を記録できます。また調査範囲を広げることで、どのような遺物がどれくらいの範囲で散布しているのかを明らかにできます。さらにこれらの調査の結果次第では、ベナレス号の座礁地点を確認できる可能性もあります。

調査は二〇一一年六月一〇日から一二日の三日間にわたって実施しました。メンバーは九名。片桐をリーダーとする六名の潜水調査班と、宮城をリーダーとする三名の陸上調査班です。また地元・国頭村の方々からも様々な形で協力をいただきました。

六月一〇日　調査初日。まず片桐が、海底で遺物の散布する場所を再度確認し、任意に中心地点を定めて、その海面にブイを設置しました。この場所がすべてのデータの拠点となります。それから片桐以外の潜水調査メンバーが二グループに分かれ、それぞれが南北に分かれて遺物の散布状況と範囲を確認しました。遺物が見つかった場合には、そこに紐をつけたブイを設置します。すると片桐が、そのブイを目印にそれぞれに遺物ナンバーを付けていくのです。

ちなみに何をどこまで遺物とするか……ですが、今回

図25　調査の様子①：図26の遺物の発見状況を撮影している（山本祐司氏撮影・提供）

は「ある程度形が復元でき、海底でもどのようなものかがわかるもの」を調査対象の遺物とすることにしました。遺物かどうか判断に迷うような、小さな破片まで調査するときりがなくなってしまい、本来の目的を達成できないからです。

なお調査の間、水中カメラマンの山本祐司氏に作業風景を記録撮影してもらいました［図25］。

この日の調査の結果、以前の調査でも見つかった中国産陶磁器やヨーロッパ陶器に加えて、新たに完全な形が残るワイン瓶――なんと瓶の中にはコルクが残っていました［図26］――や金属製バターナイフ、船体の部品である木製滑車、船釘、銅板などの遺物が発見できました。ただし南北の範囲確認、写真撮影、ＧＰＳ記録はこなしきれず、翌日の課題となりました。

六月一一日　二日目は潜水調査班の二グループが前日見つけた遺物からさらに南側・北側へと向かい、遺物が散布する範囲を目視の限界まで調査しました。また平行して片桐と山本氏が遺物の散布状況を撮影しました。その後、全員が合流し、一緒に遺物散布範囲を確認しました。それから片桐がこの日に見つかった遺物にナンバーを付け、

図26　ワイン瓶とその中に残っていたコルク：発見後、コルクは瓶から取り出し、保存処理を行った

山本氏が写真を撮影し、遺物の位置座標をＧＰＳで記録しました［図27］。なお夜には、国頭村教育委員会や地元協力者の方々と勉強会を行いました。

六月一二日　最終日は、海底に露出している遺物の回収作業を行いました。遺物は、塩抜きのためにすべて水道水に漬け、潜水機材を洗って調査は無事に終了しました。

結局、この調査では二三点の遺物にナンバーを付けることができました。

一、二回目の調査に比べて数も種類もぐっと増え、予想をはるかに上回る好成果が得られました。ただ残念なことに、ベナレス号に積まれていたと考えられる石材は発見できませんでした。後でも詳しく述べますが、宜名真とその周辺地域にはベナレス号の遺物と伝えられている石材がいくつか残されています。もし同じ石材が海底から見つかれば、ベナレス号の正確な座礁地点が判明するかもしれません。陶磁器や小さな金属製品は波の力で動いてしまいますが、重い石材はそのまま座礁地点にとどまっている可能性が高いからです。

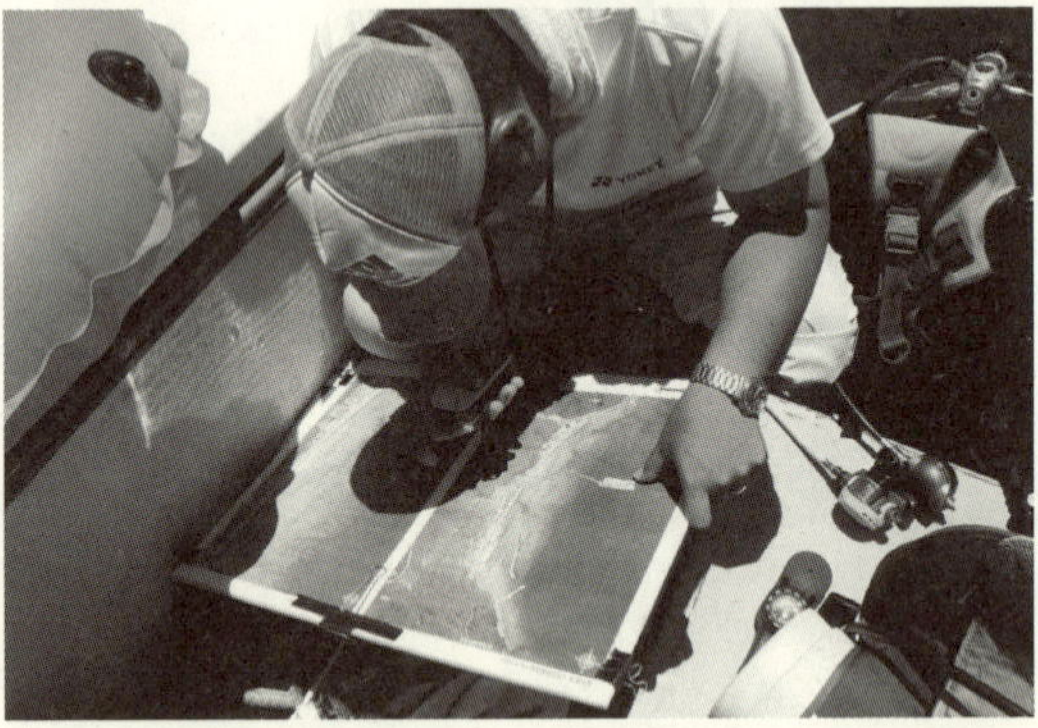
図27　調査の様子②：船上で、航空写真・地図・ＧＰＳを利用して遺跡を回収した位置を記録している

今回私たちは、地元の方から海の中で似たような石を見たことがあるという情報を得ました。そこでこの方に聞き取り調査を行い、その情報を参考に潜水メンバー全員で海底を踏査しましたが、すでに砂の中に埋まってしまったのか石材を見つけることはできませんでした。とはいえ台風の後には海底の砂が大きく動くので、今後、定期的に海底調査を行えば、いずれは出てくるかもしれません。あるいは海底の発掘を行うことによって発見できるかもしれません。

今回は悔しい思いをしましたが、希望を捨てず、いつか来る「その日」に期待したいところです。

水中遺物

次に三度の水中調査で見つかったベナレス号の遺物をまとめてみます。遺物は、①船の積載品と②船体の一部とに大別できます〔図28～30〕。次の通りです。

①船の積載品

中国産陶磁器

碗（磁器・食器）　すべて〝Three circles and dragonfly〟と呼ばれる文様のもの。

壷（陶器）　大小二種の形態。大型のものは蓋と身からなる。小型のものは蓋は不明。

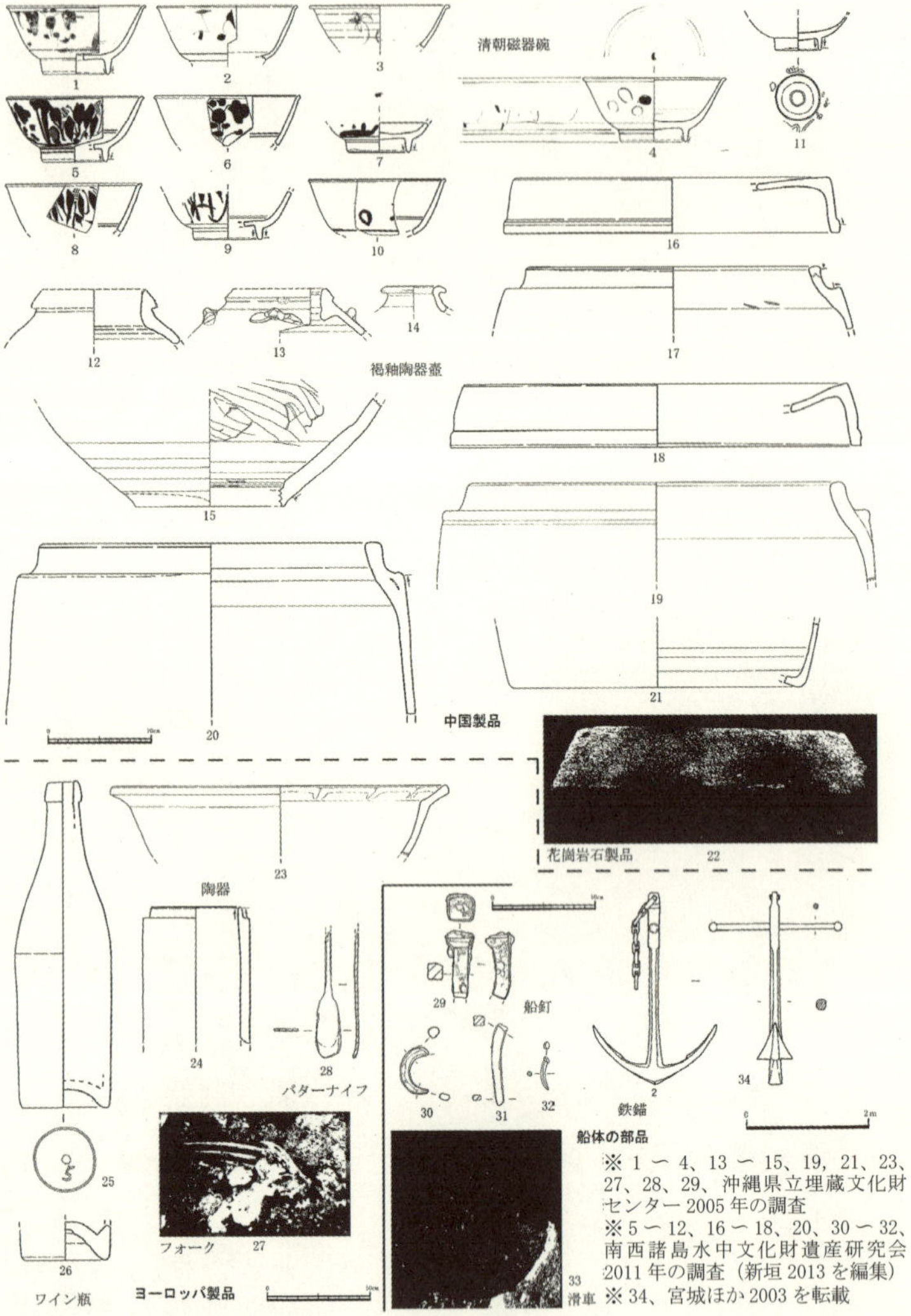

※ 1 ― 4、13 ― 15、19, 21、23、27、28、29、沖縄県立埋蔵文化財センター 2005 年の調査
※ 5 ― 12、16 ― 18、20、30 ― 32、南西諸島水中文化財遺産研究会 2011 年の調査（新垣 2013 を編集）
※ 34、宮城ほか 2003 を転載

図 28　回収された遺物の図面

図 29　回収された遺物の写真 (2004 年)

図 30　回収された遺物の写真（2011 年）

ヨーロッパ陶器（食器）
　筒型・皿型　文様や色は剥落し、その痕跡のみが確認できる。
ヨーロッパガラス製品
　ワイン瓶　上げ底タイプのもの。
金属製品（食器）
　フォーク・バターナイフ
方形花崗岩石材（＊但し陸上遺物）
②船体の一部
木製滑車
真鍮製船釘
銅板
西洋型鉄錨（＊但し陸上遺物）

これらの遺物のうち、ヨーロッパ陶器、フォーク、バターナイフは乗組員が日常的に使用していたものと考えられます。ワインは彼らの食糧だったのか、あるいは商品だったのかよくわかりません。

中国産陶磁器は、コーツ氏のお陰で、中国からアメリカに渡った下層の中国人移民―いわゆる苦力たち—がよく使用していたものだということがわかりました。生活習慣の違いから、イギリス人がこれらの食器を使用したとは考えにくく、とするとこれは苦力向けの商品だったのかもしれません。

しかし文献記録によれば、ベナレス号の積荷は茶・砂糖・米です。ベナレス号は記録にはない積荷も商品として積んでいたのでしょうか。あるいはひょっとして苦力も「商品」として積んでいて、彼らがこれらの食器を使っていたのでしょうか。謎が謎を呼ぶ碗です。

記録にはない積荷と言えば、ベナレス号の遺物と伝えられてきた石材も気になります。石材は畳大の方形花崗岩で、船の重し（バラスト）として船底に敷いていたのではないかと推測されていますが、もしかしたらこれらの石材は商品でもあったのかもしれません。単にバラストとして使うだけならもっと商品価値のなさそうな形態の石を積むはずだからです。

実際、北谷《ちゃたん》町のインディアン・オーク号座礁地点やうるま市の南浮原《みなみうきばる》島沖では、特に商品価値のなさそうな丸い小さな石（沖縄の石材ではないもの）が多量に発見されており、これらは明らかにバラストとしてのみ使われたと考えられます。一方、古琉球の時代（日本の中世に相当します）では陶磁器などの重い貿易品がバラストの役割も果たしていました。

後で詳しく述べますが、ベナレス号の石材は、沖縄で墓や碑などに転用されており、商品価値がなかったとは考えられません。当時、急速に開拓が進んでいたアメリカの西部地域では中国からの花崗岩を必要とするような状況があったのかもしれません。

図31　1900〜1902年の香港ビクトリア湾沿岸の中環地区における方形石材（写真中央）（香港歴史博物館蔵、Ref. No. P1968. 2）

また実はこれと同じような花崗岩の石材が宮古島吉野海岸沖でも多量に確認されています。ベナレス号の例を考えると、これも欧米船のバラスト兼商品だったのかもしれません。

調べてみると、二〇世紀初頭に撮影された香港のビクトリア湾沿岸の中環地区の風景写真の中に、多量の方形石材が港に集積されている様子が確認できました［図31］。香港はまさにベナレスの出港地です。

宮古島吉野海岸沖の遺物の状況も合わせて考えると、写真に写っているような石材がバラスト兼商品としてアメリカに運ばれた可能性が高いのではないでしょうか。

開陽丸との比較

ベナレス号の遺物の中には、船体の一部

(残骸)である木製滑車や真鍮製船釘も含まれています。これらは船の座礁・沈没を裏づけ、船の形態的特徴を知ることができる貴重な資料です。

ところで北海道の江差《えさし》湾には一八六六年にオランダで建造された江戸幕府の軍艦・開陽丸が沈んでいます(第二章二参照)。この船は一九七四〜八四年に本格的な発掘調査が実施され、多数の遺物が回収されました。現在それらは復元された開陽丸(開陽丸青少年センター)の中に展示されています。この開陽丸は、ベナレス号とほぼ同時代のヨーロッパ船で、日本でも船体の遺物が手軽に確認できる貴重な資料です。そこで片桐は、江差町を訪れ、開陽丸の遺物と、宜名真沖で見つけた遺物との比較検討を行うことにしました。

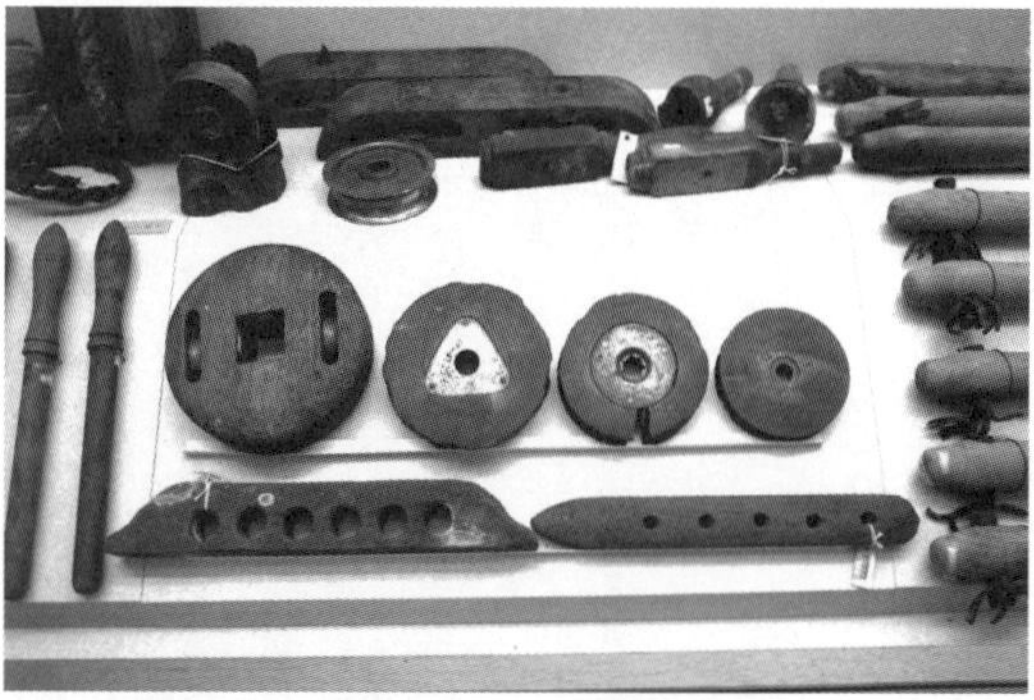
図 32　開陽丸の木製滑車：右から 2 番目の滑車がベナレス号の遺物と類似している

図 33　開陽丸の真鍮製釘：宜名真沖で発見された釘と類似する

図32・33は開陽丸の木製滑車と真鍮製角釘です。まさに宜名真沖で確認された木製滑車や真鍮製角釘と同じタイプのものであることが一目瞭然です。

やはり宜名真沖に沈んだ船（＝ベナレス号）は考古学的な見地からもヨーロッパ船の形態であった可能性が高いことがわかります。また、開陽丸からはワイン瓶〔図34〕ヨーロッパ陶器なども発掘されており、これらもベナレス号の遺物を評価する際に大いに参考になりました。

ハワイで出会った陶磁器

一方、中国産陶磁器の壺（褐釉陶器壺）に関しては、コーツ氏から同じタイプのものがハワイにあるビショップ博物館（ホノルル）に収蔵されているという情報を得ました。

そこで二〇一二年三月、片桐が調査に赴くことにしました。あらかじめ清朝陶磁器（特に一九世紀後半のも

図34　開陽丸のワイン瓶：底部が上底状になっている様子が確認できる

の）を見たいと連絡しておいたところ、博物館では収蔵庫に案内され、なんと棚から自由に陶磁器を探してよいと言われました。思いがけない好待遇に嬉々として探し始めましたが、なにせ量が膨大でなかなか目当ての品にたどり着けません。時間が経ち、少し焦り出した時、壺ではなくあの"Three circles and dragonfly"文様の碗の完形品が六点出てきました［図35］。

コーツ氏から提供された写真には、ビショップ博物館に収蔵されている褐釉陶器壺の破片が写っていたのですが、思いがけず碗も所蔵されていたのです。そしてその碗はベナレス号の遺物とまったく同じものでした。さらにこの完形品を観察して初めて、宜名真で見つかった複数の碗の破片がすべて一つの碗の文様だということが判明したのです。とても興奮した瞬間でした。

図 35　"Three circles and dragonfly" 文様の清朝磁器
（ビショップ博物館蔵）

なお博物館の碗は、かつてハワイに移民した中国人が用いていたものです。やはりベナレス号の遺物も中国人移民が移住先で使用するためのものであった可能性が高いと、改めて感じました。

◆コラム2　ベナレス号はどんな船だったのか？
——当時の新聞記事からわかること——

ところでベナレス号は一体どのような船だったのでしょうか。FOには船自体に関する情報は乏しく、「三本のマスト（前檣・大檣・後檣）を持つ英国の大型船（vessel）」で一八名が乗船していた、ということくらいしか読み取れません。そこでインターネットの検索によって、当時、様々な地域で刊行されていた英字新聞を調べてみました。すると一八七三年五月一七日のニュージーランド・ヘラルド紙に八二二トンのイギリス船ベナレス号が琉球で座礁し、生存者を救出するためにカーリュー号が派遣されたという短い記事が見つかりました。またベナレス号は、イギリス南部のカーディフ（Cardiff）を出航して香港に向かった（その後香港からサンフランシスコを目指して航海中に琉球で沈没した）こともわかりました（The Huddersfield Daily Chronicle, March 05, 1873）。

これらの情報を手掛かりにさかのぼって調べていくと、「アンダーソンを船長とする八二二トンのイギリス船ベナレス号」（つまり宜名真で沈没したベナレス号）が、一八七一年三月一八日にロンドンを発ち、七月三日にシンガポールへ入港したこと（Straits Times Overland Journal, 14 July 1871）、一八六九年三月一一日にカーディフ（Cardiff）を発ち、六月二六日にやはりシンガポールへ入港したこと（Straits Times Overland Journal, 2 July 1869）、その二度の航海の荷主はボルネオ・カンパニー・リミテッド（Borneo Company Limited）という会社だったことが判明しました。

さらに古い記事を探すと「ベアード（Baird）を船長とする八二二トンのイギリス船ベナレ

ス号」が、一八六四年にメルボルン―ロンドン―メルボルンを航海したことを報じる記事がありました（The Australian News for Home Readers, 25 January & 24 December 1864. The Argus, 24 February 1864）。船長は違いますが、船籍・船名・積載量が完全に一致することから、これも宜名真で沈没したベナレス号である可能性が高いと考えられます。

興味深いことにこの船は一八六四年二月、メルボルンで新聞広告を出しています（The Age, February 2,4,15 1864）。そこには「ロンドンへの直行便。サンドリッチ鉄道桟橋（Sandridge Railway Pier）で荷を積んでいる、美しい最高級のクリッパー船ベナレス号。登録された積載量は八二二トン。船長はベアード。この立派な、新しい船は、二月一五日に予定通り出発する。予約済みの全積荷はウールだけである。客室はイギリスへ向かう家族連れに非常に適している。キャビンは最も大きいサイズで、乗客が快適に過ごせるようよく配慮されている。人数限定で格安料金で乗船が可能」とあります。

クリッパー船とは、一九世紀に活躍した大型の高速帆船です。一八六〇年代前後は中国からイギリスへの新茶の輸送に活躍し（ティー・クリッパー）、やがて新茶の大半が汽船で輸送されるようになると、一八八〇年代を中心にオーストラリアからロンドンへの羊毛の輸送に重心を移しますが（ウール・クリッパー）、それもまた汽船に凌駕されていきます。

短期間ながらも華々しい活躍を見せたクリッパー船は「数千年におよぶ帆船の歴史の最後を飾る傑作」とも言われていますが、ベナレス号もその中の一隻だったのかもしれません。

（渡辺美季）

五　沈没船は生きている

三度目の水中調査によって海底から新たな遺物が発見され、ベナレス号の遭難事件がさらにリアリティを増してきたところで、現在も宜名真とその周辺に残るベナレス号の陸上遺物をまとめて紹介しましょう［図36］。

陸上の遺物は大きく分けて二種類あります。一つはベナレス号に積まれていた石材に関わる遺物、そしてもう一つは鉄製の錨に関わる遺物です。これらの遺物は一世紀半近くもの間、地元で生活の一部として利用され続けてきました。ある意味で、ベナレス号は沈没後、その地で新たな「命」を吹き込まれて今まで「生きてきた」と言えるのではないでしょうか。

なおこれらの遺物のある地域には、ベナレス号の遭難事件について長く関心を寄せ、調べ続けてきた方々がいます(注10)。こうした方々はこれまで、遺物の確認や古老への聞き取りを行ったり、事件の詳細を求めてイギリス大使館に問い合わせるなどして(注11)、ともすれば忘れられがちな遺物をめぐる地元の「記憶」を留めるべく力を尽くしてきました。そして私たちがベナレス号の遺物を探していると知ると、貴重な情報を惜しみなく提供してくださいました。

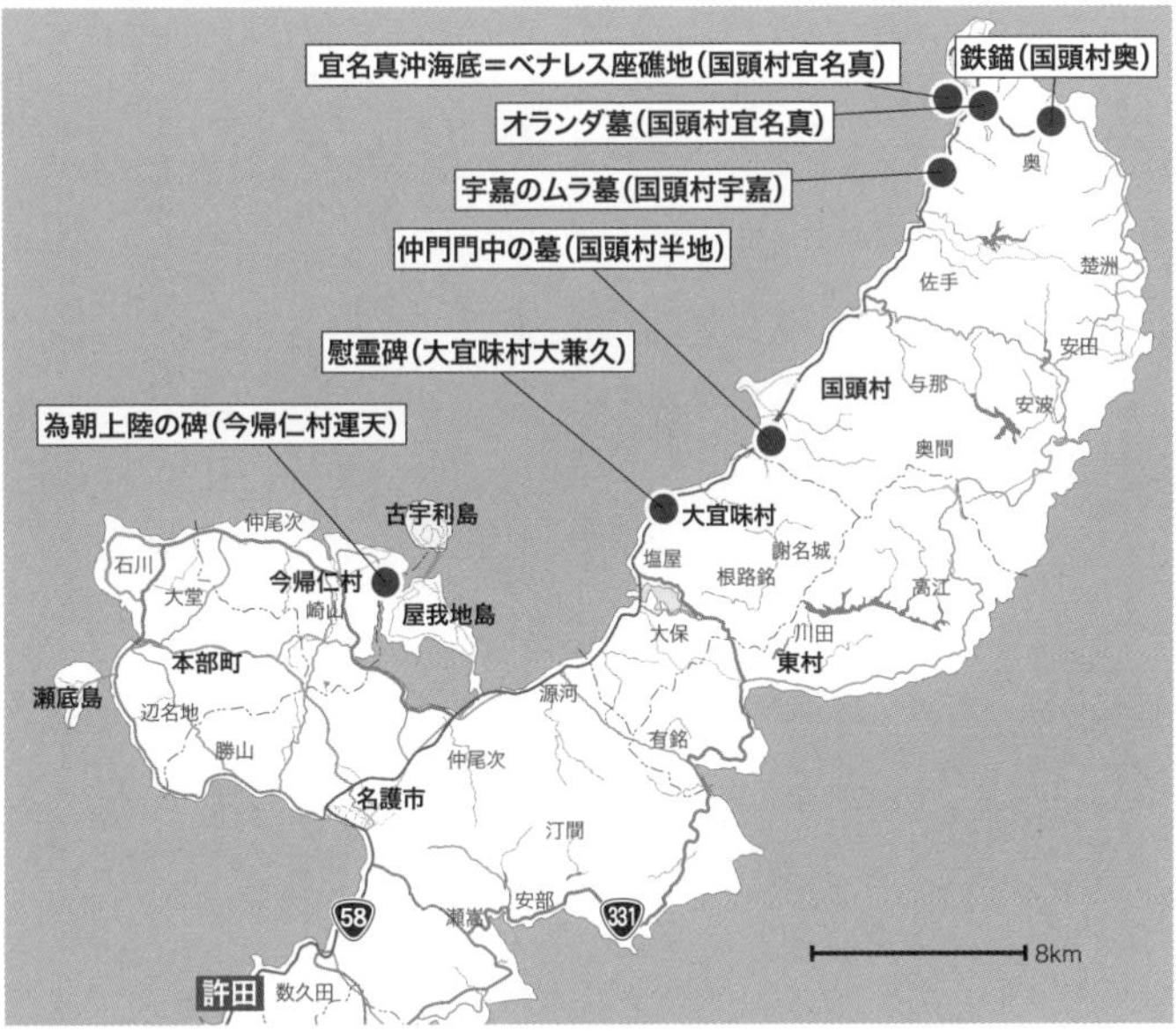

図 36　宜名真沖海底遺跡（ベナレス号沈没海域）と関連遺物の位置

ここでは、ご協力くださった方々に心から感謝しつつ、いただいた情報を盛り込んでベナレス号の陸上遺物を順番に紹介していきます。

（一）石材

陸上遺物の一つ目は、ベナレス号に積載されていた畳大の花崗岩の石材です。四（二）（87～88ページ）で記したように、船の重し（バラスト）として船底に敷いていたのではないかと考えられています。またバラストにするだけではなく、商品であった可能性もあります。この数枚の石材が海底から引き上げられ北部地域の様々な箇所で再利用されています。

なお石材はまだ海底に残存している可能性がありますが、今のところ発見されていません。

国頭村（宜名真）のオランダ墓

ベナレス号の溺死者四名を埋葬した墓地について、大正時代に刊行された『国頭郡志』には、「宜名真の西方、共同墓地の入口にオランダ墓と称する洋式の墳塋《ふんえい》［墓］あり。長さ三間［約五・五メートル］幅一間［約一・八メートル］、畳大の安山岩《あんざんがん》を立てて之《これ》をかこみ、土砂を以て其中《そのなか》を埋めたり」と記録されています。この記録に見える「畳大の安山岩」がベナレス号の石材になります。墓と石材は現在も共同墓地の入口付近にあり、一九八一（昭和五六）年三月に碑（図1参照）が建立されましたが、その後方の長方形の墓スペースに土中に埋もれた石材一二個の上部が確認できます。なお『国頭郡志』では石材は安山岩とされていますが、専門家によると花崗岩だということです。

国頭村（宇嘉《うか》）の旧・村墓

本島北部西海岸の宜名真の一つ手前に宇嘉という集落があります。この宇嘉の旧・村墓（村人が共同で利用する墓）の一部に使用されていた石材も、ベナレス号のものであると伝えられています［図37］（注12）。この村墓は一九九六年に現代的な墓に改修されたため、ベナレス号の石材は不要となり、現在は集落内に放置されています［図38］。なおそのうちの一枚は奥（国頭村字奥）にある奥ヤンバルの里民具資料館に寄贈され、戸外に展示されています［図39］。

国頭村（奥間）の仲門門《なかぞう》中墓

ベナレス号の陸上遺物に詳しい宮城邦昌氏によれば、国頭村南西部の奥間集落内にある半地の墓地につくられた「仲門門中墓」の屋根にもベナレス号の石材が使用されているということ

図 37　国頭村宇嘉の旧・村墓（宮城幸三郎『宇嘉に生きる』、1989 年、P. 140）

図 38　宇嘉の共同墓地に利用されていた花崗岩方形石材

図 39　奥ヤンバルの里民具資料館の花崗岩方形石材

図 40　仲門門中の墓の室内

図 41　大宜味村の霊魂之塔

図 42　今帰仁村の源為朝公上陸之址

でした〔図40〕。墓の外からは見えませんが、幸運にも仲門門中のご厚意を得て、二〇一三年五月四日、執筆者の一人・宮城が墓の内部を見学する貴重な機会に恵まれました。実見の結果、確かに内部の天井の部分には、ベナレス号のものと見られる三枚の板状の花崗岩石材（長さ二メートル弱、幅約六〇センチ、厚さ不詳）が使用されていました。この石材について、門中では「宝が納められている」と言い伝えてきたそうです。

大宜味村《おおぎみ》（大兼久《おおがねく》）の霊魂之塔

国頭村に隣接する大宜味村の役場の敷地内に立つ霊魂之塔にも、ベナレス号の石材が使われています［図41］。この塔は一九二一（大正一〇）年に忠魂碑として建立されましたが、戦後に現在の霊魂之塔に改修されました。

今帰仁村《なきじん》（運天《うんてん》）の源為朝《ためとも》公上陸之址

今帰仁村の運天港は、かの源為朝が嵐の中「運を天に任せて」上陸した地であるという伝説があります。このエピソードにもとづき、一九二二（大正一一）年、国頭郡教育部会の発起により「源為朝公上陸之址」碑が運天に建立されました。文字を揮毫したのは、著名な海軍大将・東郷平八郎（一八四八〜一九三四年）です。この碑にもベナレス号の石材が使用されています［図42］。

（二）錨

陸上遺物の二つ目は、二つの鉄製の大錨です。イギリスの記録には、ベナレス号の生存者を迎えに来たカーリュー号が琉球からの帰途に宜名真の遭難地点を通過した際、「唯一の〔事件の〕痕跡である、舳先につけられた錨が、暗礁の出っ張りに突き刺さっていた」（一八七三年一月二四日版ノース・チャイナ・デイリー・ニューズ）とあり、少なくとも座礁直後は錨の一つは海から見える状態だったことがわかります。

『国頭郡志』（一九一九年刊行）には、「錨の重さ一個八千貫・五万斤〔約三〇トン〕ありし」と、『国頭村史』（一九六七年）には「大錨は鍛冶屋が切断して農機具の材料とし、別の錨は奥村で船の繋留用に使用された」とあり、後者は現在、海から引き上げられ国頭村の奥集落に保存されています（注13）。

辺土名の農具

この錨について、私たちは国頭村辺土名《へんとな》の宮城克松氏から貴重な情報をいただきました。宮城氏は二〇〇七年に刊行された『辺土名誌』の編集委員長を務めた方です。『辺土名誌』刊行後、宮城氏は刊行のために提供されたり収集したりしたものの誌面の都合で掲載できなかった原稿や資料を「後世に残すべきだ」と考え、これらを整理して二〇〇九年に『口碑・伝説・寄稿文～沖縄・国頭村・辺土名～』として出版しました。

その中に地元で区長や共同店主任を長く務めた宮城親輝氏（一八九五～一九七八年）が、古老の山城久光氏より聞き取ってまとめた「宜名真和蘭《オランダ》船大錨の伝」という興味深い文章が含まれています（宮城克松編『口碑・伝説・寄稿文～沖縄・国頭村・辺土名～』同、二〇〇九年、四四～四五ページ）。錨に関する部分を以下に引用します。

（前略）其船は大きな錨が二つ残っていた。その一つは今も奥の海中に置かれて船繋ぎにしているが、それよりも尚大きい今一つの大錨は辺土名の人が手に得て船二隻の中間に吊るして廻漕して来たそうであるが、初め船舶の繋留用として取ったのにも拘らず、金物類の不足から近郷の鍛冶屋総揃いで津口の浜で切りはなって鋤、鍬を造ったと言う。

尚其の外金物類としては鉄のロップ（ロープ）があったが、それを見つけたのが宜名真の人と辺土名の人が同時であった。よって金物の需要を充たされない当時の人々はそれを欲しさのあまり誰も我ものと主張して譲らない。そこで双方引っ張って勝った方に譲るよう話しが決まった。

然し宜名真の人は八人、辺土名の人は五人でどうしても勝つ見込みがない。依って最も前方に居た（辺土名の）宮城吉直氏（川之前の祖先）がそれは只事では勝てないと咄嗟に鉄のロップを大振りに振ったので不用意の中の出来事とて先方はロップを手より滑らし手や足を痛めたので、それに気を腐らした宜名真の人々は「糞ッ御前達取れー」。このような話しもある。（前上門小　山城久光氏より）

この記録から、①鉄錨は大小二つあり、小さい方は奥、大きい方は辺土名の人が入手したこと、②辺土名の錨も奥同様に船舶の繋留用として入手したが、結局金物類の不足から近所の鍛冶屋が浜に総出で切り出し、鋤・鍬を造ってしまったこと、③錨以外の遺物として鉄のロープがあり、宜名真の人と辺士名の人でロープの引っ張り合いをして、結局辺士名が入手したこと、④ロープも金物として消費されてしまったらしいこと……などがわかります。

念のため宮城氏に、ベナレス号の錨で造った農具が地元に残っていないかどうか尋ねてみましたが、さすがに「聞いたことがない」ということでした。もしかしたら今もどこかにそれらの農具が、それと気づかれないまま残っているかもしれません。

奥の「宝」

一方、奥に運ばれた錨は幸いなことに農具にはならず現在も保存されています。この奥の錨の来歴は奥の字誌に「奥のウナンダ錨の話」として詳しく紹介されていますので、やや長いですが以下に全文を紹介します（奥のあゆみ刊行委員会編『奥のあゆみ（字誌）』国頭村奥区事務所、一九八六年、三三〇〜三三二ページ）。

奥の港は、沖縄最北端に位置し、大島、離島、与那原方面からの船着場として知られていた所である。船を係留するには港の東西の両岸の割目を利用し、一方は浜にアンカーを入れていたが、港は北に向いているので暴風雨とか冬場の北風の強い時は船員の苦労も多かった。

宜名真に遭難したオランダ船の大錨があるという話をきいたので、川之前の地頭代ウンメー（※祖母）が、この錨を奥の港に持って来たら宝になる、と言ったので部落の有志が相談の上、上仲門の祖父（栄盛）を責任者として、クリ舟八隻を二本の丸太で組み合せ、作業に着手することになりました。

その錨は宜名真部落の沖合にあったので、海中の錨を上新屋小のおじいが確認、錨にロープをかけて引揚げに取りかかった。錨があまり深い所にあるので、浮上して来る時は耳、鼻から血がでるほどだったという。干潮時にロープを結び付け、満潮時に浮き上がらせて浅い場所に運び、又干潮時にロープを結びかえ、それをくり返してクリ舟に固定できるようにして、満潮を利用して昼夜兼行で交代でクリ舟をこぎ、奥まで運搬することに成功したのである。

運搬中苦労したことは辺戸《へど》岬の潮流であった。満潮は東より西へ、干潮は西より東へと流れるので、これをよく研究し利用して始めて成功したといわれる。

辺戸、宜名真の人々は重量八千貫もある大きい錨を奥まで運搬できるものかと、物笑いにしていたが、それに成功したのでさすがは奥《ウク》ナーハー（注14）と言われるだけあるなあーと、奥の人の知恵に、ただ驚いたという。

このウナンダ錨は奥で大変重宝がられ、昭和七、八（一九三二、三）年頃錨の留金が悪くなったので、東リ六ツ又の鍛冶屋さんに修理を頼んだが、鋳物金のため修理ができない。そのため錨の向きを変え、留金から胴体をコンクリートで固めて現在の姿で残っているのである。

昭和五五（一九八〇）年五月一五日、築港にも支障を来すというので、奥成人会により陸上に移動し、奥湾をのぞむ浜入口に台座を築き、ウナンダ錨を永遠に保存することになったのである［図43］。


沖縄本島最北端の奥集落は、目前には海が、背後には山が広がっており、一九五三年に自動車道が開通するまで「陸の孤島」のような状態でした。そのためかつての奥の港は集落と他地域を結び付ける交通の最要所だったのです。ところが頼みの綱の港は北向きで、北からの風が吹くと船の繋留が難しくなるという厳しい立地条件の下にありました。

そこで奥の人々は宜名真沖海底に沈むベナレス号の錨に着目し、この錨を繋留具として用いれば奥の「宝」になると考えて、様々な工夫と大変な苦労の末に錨を

図 43　繋留具として使用されていた頃の錨（奥のあゆみ刊行委員会編『字誌　奥のあゆみ』国頭村奥区事務所、1986 年）

運んだのです。そしてイギリスから中国を経てはるばる奥にやってきた錨は、その「貴重さ」ゆえに農具などにされることなく、長く繫留具として活用され続けました。いわば奥の交通の不便さや厳しい自然状況が、ベナレス号の錨を「船繫ぎ」として生き続けさせたと言えるでしょう。

図43は、繫留具として使用されていた在りし日の錨の雄姿です。この錨は、奥ではウランダハナグと呼ばれていました。

◆コラム3　もう一つのオランダ墓　―屋我地《やがじ》島のオランダ墓―

現在、沖縄にはオランダ墓（方言ではウランダ墓）の名で知られている史跡が二つあります。一つはここまで詳しく紹介してきた国頭村宜名真のオランダ墓、そしてもう一つは沖縄本島北部の羽地内海に浮かぶ屋我地島（名護市）のオランダ墓で、ここにはフランス人が埋葬されています。一八四六年、セシーユ提督（Cécille、一七八七～一八七三年）の率いるフランス東洋艦隊が、北部の運天港に寄港して琉球に通商貿易を求めましたが、琉球側の拒絶により交渉は失敗に終わり、約一ヶ月後に琉球を去りました。この間に一等助銃工ギタール・フランソワ・シャルル（二三歳）、二等水夫シャリュス・ジャーク（三五歳）が病死し、運天の対岸にある屋我地島運天原に埋葬されたのです。それぞれの墓碑の上部には「永光照之（永光、之《これ》を照らす）」の四文字が刻まれ、その下部に国名・船名・故人の聖号・死亡年月日などが漢字で記されています［図44］。

なおそのほかに那覇市泊港北岸付近にある外国人の墓所「泊外人墓地」も、かつてはオランダ墓と通称されていました。しかしここに埋葬されているのもオランダ人ではなく、中国（清国）人・アメリカ人・イギリス人などです。そのうち中国人の墓（計六基）は、琉球王国時代に漂着し、沖縄で溺死したり病死したりした人を葬ったもので、これも一種の水中文化遺産と言えます。

ちなみにオランダ人が埋葬されていないにもかかわらず複数の外国人墓がオランダ墓と呼ばれている理由については本書18～19ページをご覧ください。

（渡辺美季）

図44　屋我地島のオランダ墓：現在置かれている墓碑はレプリカで、実物は名護博物館に所蔵されている

六　おわりに

数年前まで、宜名真のオランダ墓に繋がるタイム・トンネルはほとんど真っ暗な状態でした。しかし多くの方々のご協力と様々な幸運に導かれながら私たちが調査を進めた結果、今では多彩な道しるべを持つ、かなり明るく歩きやすいトンネルとして、沖縄の、いや世界の貴重な水中文化遺産の仲間入りを果たしたと言ってよいでしょう。

実はこの事例のように水中遺物・陸上遺物・文献記録がそれぞれ豊富に見つかり、互いに補い合ってかつての歴史を復元できるようなケースは非常に珍しいのです。沖縄に関して言えば、琉球が東・東南アジアにまたがる貿易活動を展開した王国前半期（古琉球）は、主な国際貿易品が陶磁器であったこともあって水中遺物が豊富に確認されています（第三章参照）。しかしこの時代は文献記録が非常に少なく、それぞれの水中遺物に該当する記録を見つけることはほとんど不可能です。一方、文献記録が豊富な琉球王国の後半期（近世琉球）は、積荷に占める陶磁器の割合が減少するせいか、はたまたほかに何か理由があるのか、古琉球に比べ水中遺物の確認事例はぐっと少なく、今のところ文献記録は十分な出番に恵まれていません。

このような状況を考えると、近世の最末期に発生した宜名真沖のベナレス号の遭難事件は、水中文化遺産研究の可能性をほぼ最大限に発揮した事例であり、また読者の方々に沖縄の水中文化遺産をぐっと身近に感じていただくには最適なケースであると言えます。私たちはそう考えてこの事例をこの本の第一章で詳しく取り上げました。もちろんベナレス号の調査はこれで完結というわけではありません。この貴重な文化遺産に対し、今後も継続して調査・研究を行うことはもちろん、遺跡・遺物の保存や活用についても広く議論し考えていく必要があります。……が、ひとまずここで宜名真沖の沈没船遺跡からは離れ、次章では水中文化遺産というものをより広い視点から見渡してみることにしましょう。

注1　一八八五～一九四二年。沖縄県今帰仁間切（現・今帰仁村）出身の教育者、沖縄研究者。
注2　一八四〇～一九一六年。幕末明治期の琉球士族。唐名は向廷翼。
注3　日本の明治初期の官制で、正式任用前の仮採用中の役人のこと。また定員外の臨時採用中の役人のことを指す。
注4　一八二六～一八八七年。薩摩藩士。一八七二年一月、鹿児島県から維新後の日本国内情勢を説明するための「伝事」として、奈良原繁（当時は幸五郎、後の沖縄県知事）とともに琉球へ派遣された。いったん琉球を去るが、七三年に外務省六等出仕として琉球藩在勤を命ぜられ来琉。琉球藩が内務省へ移管されると、七五年五月には内務省六等出仕として琉球藩出張を命ぜられた。

注5　福崎季連（当時は助七）。薩摩の人。最後の在番奉行。一八七二年の琉球藩設置に伴い在番奉行の職名は消滅するが、福崎はその後も外務省九等出仕に任用され、しばらく在琉した。その後まもなく沖縄を去っている。
注6　http://www.lib.u-tokyo.ac.jp/sogoto/micro_list/film_eng/yo_FO.html（二〇一四年五月九日アクセス）
注7　Takieu を田検と比定するにあたっては中山清美氏および弓削政己氏からご教示をいただいた。
注8　那覇西町にあった外務省出張所（旧・在番奉行所）か。在番奉行所は薩摩藩の出先機関で、藩から派遣された役人が駐在した。一八七二年に外務省出張所、七四年に内務省出張所となり、七九年の琉球処分後は一九二〇年まで沖縄県庁となった。
注9　那覇西町にあった首里王府の役所の一つ。那覇の民政をつかさどった。
注10　国頭村奥出身の宮城邦昌氏・上原信夫氏・宮城宏光氏・糸満盛健氏、宜名真出身の玉村良三氏・山川立全氏・玉村弥賢氏、国頭村教育委員会の赤嶺信哉氏は、二〇一一年三月二〇日に那覇で研究会「ベナレスを考える集い」を行い、遺物の捜索や古老への聞き取りなどにより各自が収集した情報を整理・統合した。後日、南西諸島水中文化遺産研究会は宮城邦昌氏よりそれらの情報を提供していただいた。また二〇一一年二月二四日、宮城・渡辺は国頭村役場において国頭村教育委員会（当時）の山城浩之氏、辺土名誌編集委員長・宮城克松氏から情報と資料の提供を受けた。これらの方々に記して感謝を申し上げる。
注11　国頭村奥出身の宮城宏光氏は二〇〇〇年六月一七・一八日の琉球新報朝刊に「宜名真のオランダ墓―その由来を求めて―」上・下を寄稿し、大使館への問い合わせを含めた自身の取り組みを紹介している。
注12　正面（入り口）の左右両側に二個ずつ、計四個使用されていたというが（宮城幸三郎『宇嘉に生きる』、一九八九年、一四〇ページ）、現在少なくとも九個の方形石材（宇嘉の集落内に八個、奥ヤンバルの里民具資料館に一個）が残されている。
注13　ただし奥の錨は、見た目からして重量・八千貫にはほど遠いサイズである。
注14　一説には、奥の人が那覇の人の鼻を明かした武勇伝にちなんで「那覇人のような奥の人」の意でウクナーハーと呼ばれるようになったという。また地元の古老によれば「山原の小さな集落でありながら那覇のように開けていた（那覇のように栄えていた）」という意味にもとづく呼称であるという（宮城邦昌氏のご教示による）。

第二章

水中文化遺産への招待

宮城弘樹

一　世界の水中文化遺産

第一章では沖縄の水中文化遺産の調査・研究のモデル・ケースとして宜名真沖の沈没船遺跡の事例を紹介しました。第二章からは水中文化遺産についてさらに広く深く知っていただくために、世界、日本、そして沖縄を含む南西諸島の様々な「海に沈んだ歴史のカケラ」――つまりこれまでに水中で確認された遺跡や遺物を紹介していきます。なお左に、この本の「はじめに」で説明した水中文化遺産のタイプをまとめておきました。ここからは原則的にこの分類を使って話を進めていきます。

タイプ①　はじめは陸地に形成され、後に水面下に没した遺跡
タイプ②　はじめから水中・湖底に形成された遺跡
　A　誰かが何らかの目的によって海底や湖底に沈めた物によって形成された遺跡
　B　沈没船に関する遺跡

図45　世界の水中文化遺産

水中文化遺産の調査・研究は主にヨーロッパで発展し、やがてアメリカやアジアでも注目を集めるようになりました。では地球を見渡すと一体どんな水中文化遺産があるのでしょうか。まずは世界各地の代表的な水中文化遺産を簡単に紹介します［図45］。

エジプト／アレクサンドリア

最初にタイプ①の「はじめは陸地に形成され、後に水面下に没した遺跡」をいくつか紹介しましょう。

まず「海に沈んだ街」として近年大きく注目されているエジプト北海岸の都市アレクサンドリアを中心とした海底遺跡を取り上げます。これはフランスの海洋考古学研究者フランク・ゴディオ氏が、一九九二年からエジプト考古最高評議会と共同で発掘を行った結果、発見された遺跡です。日本でも、二〇〇九年に横浜で大規模な展示会――『海のエジプト展―海底からよみがえる、古代都市アレクサンドリアの至宝―』――が開催されたので、ご存知の方も多いかもしれません。

アレクサンドリアは、マケドニアのアレクサンドロス大王によって紀元前三三一年に建設され、プトレマイオス朝エジプト（紀元前三〇五～三〇年）の首都として繁栄したナイル河口の都市です。あの女王クレオパトラの悲劇の舞台となった街でもあります。しかし度重なる地震や地盤沈下によって八世紀頃には大部分が海底に沈んでしまい、古代エジプト王朝文化の実態は長く謎のままとされてきました。その遺跡が海底の探査によって、明らかになったのです。現在の海岸から数キロ離れた水深数メートルという地点から、巨大なファラオ（王）像やステラ（石碑）などの遺物が発見されました。まさに歴史に消えてしまった街が水中からよみがえったという点で、非常に興味深い遺跡と言えるでしょう。

イタリア／バイア海底考古学公園

もう一つ水没した代表的な古代都市を紹介します。やはり地中海に面したイタリア南部のナポリに近いところにあるバイア海底考古学公園という遺跡です。古代ローマ時代の都市遺跡で、紀元前二世紀には鉱泉が開発され、温暖な気候と風光明媚な立地から貴族階級のリゾート地として栄えました。しかし四世紀末頃から地盤沈下の兆候が現れ、やがて海中に沈みました。

このため海底には貴族の邸宅などが残っており〔図46〕、当時の石像なども発見されています。遺跡を含む海域が遺跡公園として指定されており、世界で最も整備が進んだ海底遺跡として知られています。グラスボートやスキューバダイビングによって遺跡を見学することもできます。

図46　バイア海底遺跡（野上建紀氏撮影・提供）

ジャマイカ／ポート・ロイヤル遺跡

アメリカ大陸へ目を転じましょう。カリブ海に浮かぶ島国ジャマイカには、ポート・ロイヤルという遺跡があります。ここは一七世紀に貿易港として栄え、カリブ海賊の拠点港の一つでもありました。ディズニー映画『パイレーツ・オブ・カリビアン／呪われた海賊たち』（二〇〇三年）の舞台として覚えている方もいるかもしれません。この港は一六九二年六月七日の大地震とそれによる津波のため三分の二が海中に沈んでしまいました。一九八一年以降、ジャマイカ政府の後援を受けたテキサスA＆M大学が中心となって発掘調査が行われています。発掘では当時の時計が発見され、これにより地震の時刻が明らかになりました。

トルコ／ウル・ブルン沈没船

次にタイプ②の「はじめから水中・湖底に形成された遺跡」の中のB「沈没船に関する遺跡」について紹介していきます。

まず古いところではトルコの海岸で発見されたウル・ブルン沈没船が挙げられます。これは今からなんと約三三〇〇年前、紀元前一三〇〇年頃の沈没船なのです。水中考古学者のランドール・ササキ氏は、その著書『沈没船が教える世界史』（メディアファクトリー、二〇一〇年）の中で、この沈没船を、考古学的に調査された世界最古の沈没船であると述べています。

この船以外にも、地中海では紀元前の古代エジプト、ギリシア、ローマの沈没船が調査されています。

これらの沈没船は、古代の船体構造や流通の実態、あるいは生活の様子などを教えてくれる貴重な資料です。なぜなら沈没船は、不慮の事故によって船体が丸ごと沈むことが多く、歴史の一瞬がタイムカプセルのように保存されるからです。

フィリピン／サンディエゴ号

近年、アジアでも沈没船の遺跡調査が盛んに行われています。東南アジアでは、フィリピン国立博物館に展示されているスペイン船サンディエゴ号が有名です。

この船は一九九一～九三年に、フィリピン国立博物館とフランスの調査隊によってマニラ海域で発掘されました。文献によれば沈没年代は一六〇〇年で、本来は商船でしたが、マニラ湾に攻め込んでくるオランダ軍を迎え撃つため軍艦に改造されています。船からは中国や地元の陶磁器、ペルー産の土器・象牙などが引き揚げられ、アメリカ大陸とスペインの交易の実態を知ることができます。また船に備えられた武器や大砲から、海賊行為や競争国の攻撃などに備えた様子も知ることができます。

出土品の中にはなんと日本刀の鍔《つば》もあります。「えっ？　サムライが用心棒として乗っていたの？」と考えてしまいそうですが、おそらくは切れ味鋭い日本刀が珍重され、交易品か武器として船に積まれていたのでしょう。

中国／泉州湾出土宋代海船

次はいよいよ隣の中国です。

中国船が本格的に外洋に出て貿易を開始したのは唐の時代（六一八～九〇七年）のことですが、残念ながらこの時代の船の資料はごくわずかしかありません。その後、五代十国の時代を経て宋代（九六〇～一二七九年）になると、経済の活発化などを背景に、各地に造船所が造られ巨大船が建造されます。航海に利用される羅針盤もこの時代に発明されたと考えられています。この宋代の末期のものと推定される船が、一九七三年に中国東南沿岸の福建省泉州湾内から発見されました。

この船は「泉州沈船」などと呼ばれ、泉州海外交通史博物館の別館である古船陳列館（開元寺境内）に実物が展示されています［図47］。船の総延長は三四・五五メートル、排水量は三七四・四〇トン、標準的な二五メートルプールほどの大きさの船です。いわゆるジャンク船で、船体の中央を支える構造材である竜骨（キール）がなく、船艙は隔壁により一三の空間で区切られています。これは、もしどこかの空間が浸水しても、被害が広がらないための工夫です。

船体とともに、香木・胡椒・銅銭・陶磁器や、人名・地名の書かれた荷札、将棋の駒、装飾品、ロープやムシロなども出土しました。

図47　泉州沈船（四日市康博氏撮影・提供）

この船は東アジアでは初めて本格的に調査された沈没船で、以後、中国における古代船舶の研究は大きく進展することになります。

韓国／新安沖沈没船

もう一つアジアを代表する沈没船として、韓国の南西沖海底から発見された新安沖沈没船があります。この船は、一九七五年に漁師の網に青磁が掛かったことをきっかけに発見され、以後約一〇年の歳月をかけて発掘調査が行われました。船は全長約三〇メートル、幅約九メートル、船の構造や中国南部特産の船材が一部に使われていることから、中国で建造された船と推定されています。また船底から見つかった木札から、この船が一三二三年に中国（元）の浙江省慶元《けいげん》（寧波《ねいは》）を出港し、日本の博多に向かう途中に沈没した貿易船であったことが判明しました。積荷としては、約二万点の中国陶磁器のほか、中国の銅銭二八トンや、錫のインゴット（鋳塊）などが海中から回収されています。現在、韓国木浦市にある国立海洋文化財研究所に船体と積荷が展示されています［図48］。

図48　新安沖沈没船（国立海洋文化財研究所）

このように二〇世紀後半以降、世界中の海で様々な水中文化遺産が発見され、近年では世界的に水中文化遺産の保護が提唱されるようになりました。二〇〇一年にはユネスコ（国際連合教育科学文化機関）の総会において、沈没船や海底遺跡などの水中文化遺産の保護を目的とした新しい条約「水中文化遺産保護条約」が提案され、二〇〇九年一月に発効されています。

二　日本の水中文化遺産

今度は日本の代表的な水中文化遺産について紹介しましょう。

ヨーロッパに比べると日本における調査・研究はまだ十分とはいえません。しかし海に囲まれ、中国大陸や朝鮮半島と海を通じた交流の長い歴史を持つ日本には、まだまだ豊かな水中文化遺産が埋もれている「はず」だと多くの研究者が考えており、徐々に注目が高まっています。

近年では大学、NPO法人、研究団体などが積極的に水中文化遺産の調査を実施し、多くの成果が得られるようになってきました。二〇〇九年には東京海洋大学で、日本で初めて水中・海洋考古学が学べるカリキュラムも開設され、また文化庁は二〇一三年から「水中文化遺産調査研究事業」として、水中の遺跡調査や保存に係る手法のあり方について検討を始めています。

このような状況が追い風となって、海底から驚くような水中文化遺産が発見される日も近いかもしれません。

ぜひそんな期待を込めてテレビや新聞のニュースをチェックしていただきたいものです。

滋賀県／琵琶湖湖底の遺跡

さてまずは日本における水中文化遺産の先駆的な調査・研究事例を紹介しましょう。それは日本最大の淡水湖である琵琶湖をフィールドとする財団法人滋賀県文化財保護協会の調査活動です。すでに三〇余年にわたって実施され、非常に興味深い歴史的事実が明らかになっています。

琵琶湖湖底から最初に遺跡（葛籠《つづら》尾崎《おざき》湖底遺跡）が発見されたのは一九二四（大正一六）年のことです。琵琶湖北端から縄文土器などが引き揚げられました。その後一九七三～九一年度にかけて湖底・湖岸遺跡の発掘が行われ、研究・調査が飛躍的に進みます。

図 49　粟津湖底遺跡の第３貝塚
（滋賀県文化財保護協会編『びわこ水中考古学の世界』2010 年、口絵Ｐ 4、同会）

発見された遺跡の中でとりわけ有名なのが、琵琶湖の最南端部の水深二～三メートルの湖底にある粟津《あわづ》湖底遺跡です［図49］。縄文時代早期（約一万年前）の川の跡から栗をはじめとする大量の植物遺体や、縄文時代中期（約五千年前）の貝塚などが見つかりました。貝塚はセタシジミを中心としたもので、淡水の貝塚としては日本最大の規模です。また貝に混じって大量の木の実などの植物遺体も見つかりました。

こうした植物遺体は陸上の遺跡では風化してしまうのですが、琵琶湖の水に守られて今まで残っていたのです。この貴重な遺跡により当時の人々は動物よりむしろ「木の実」を多く食糧としていたことがわかってきました。

琵琶湖の湖底からはほかにも様々な遺跡が発見されており、琵琶湖を取り巻く人と人、人と自然との関わりや、琵琶湖が担った歴史的役割を今に伝えてくれます。

またそのほかにも琵琶湖および内湖から三〇槽もの丸木舟が出土し、縄文時代以来の交通の様子や造船技術の実態を知ることができる貴重な資料となっています。

長崎県／鷹島《たかしま》海底遺跡

「元寇《げんこう》」を知っていますか？　一二七四年（文永の役）、一二八一年（弘安の役）の二度にわたって、モンゴル人の中国王朝・元の軍勢が日本に襲来し、暴風のために撤退したというあの事件です。歴史に「もし」はない、とよく言われますが、「もし」この時、幸運にも暴風が起こらなければ日本という国は地球上から消えていたかもしれません。元寇はそんな大事件だったのです。

さてこの大事件の痕跡を目の当たりにできる遺跡があります。それが長崎県松浦市鷹島の南岸一帯に位置する鷹島海底遺跡です。そこには沈没した元軍の船が今も沈んでいます。一九八〇年から現在に至るまで精力的な水中考古学の調査が行われ、モンゴル軍の船や碇、

図50　鷹島海底遺跡：元軍の兜(山本祐司氏撮影・提供)

兜《かぶと》・刀・てつはう（鉄砲）・石弾などの武器、中国産や高麗産の陶磁器などが大量に発掘されました［図50］。その結果、文献からは決して知ることのできない元寇の実態的な側面が徐々に明らかになりつつあります。

ところでこの本の執筆者の一人である片桐千亜紀は、以前この鷹島海底遺跡の発掘調査を、実際に海に潜って見学したことがあります。

片桐によれば、沖縄の海と異なり、透明度が低い暗い海で行われている発掘調査には、どこか恐ろしい雰囲気があったそうです。そして厚い土砂を除去して目の前にあらわになった元寇直後の土層には、船の残骸、刀や矢束、おびただしい数の陶磁器が散乱しており、まさに元寇直後にタイムスリップしたようなリアルさで、思わず息を呑んだと言います。

この鷹島海底遺跡では、最先端の技術を駆使した海底調査が今も続いています。近年は琉球大学の池田榮史教授のグループが、ついに元寇によって沈没したと考えられる船体そのものを発見するという快挙を成し遂げました。今後の動向に目が離せません。

なおこのような成果を受け、二〇一二年三月、鷹島海底遺跡は水中文化遺産としては日本で初めての国史跡に指定されました。

北海道／開陽丸

次に日本で最初に発掘調査された沈没船である北海道檜山《ひやま》郡江差《えさし》町の開陽丸を紹介しましょう。開陽丸は、江戸幕府の軍艦として一八六六年オランダで造船された当時の最新鋭艦でした。しかし幕府が力を失う中で、幕臣・榎本武揚らが開陽丸を奪い北海道へ逃亡します。そして一八六八（明治元）年、辿り着いた北海道の江差湾で、開陽丸は暴風に遭い座礁・沈没してしまいます。函館戦争の最中のことです。

沈没した開陽丸の本格的な発掘調査は一九七四〜八四年に江差町教育委員会によって行われました。作業は何もかも初めてのことばかりで試行錯誤の連続だったようです。例えば海底の記録では、透明度が悪いなどの問題から写真撮影がうまくいかず、結局、乳白色のアクリル板の表面を紙やすりで削ってざらざらにし鉛筆でスケッチする方法――これだと水中でも十分にスケッチができたのだそうです――が考え出されています。

こうした関係者の努力によって、大砲五門、砲弾や船体の金具、陶器など総数三二九〇五点もの遺物が引き揚げられました（図32〜34）。それらは江差町にある開陽丸青少年センターに展示されています。ちなみにこのセンターの建物は、なんと「復元された開陽丸」――しかも海の上に浮いています――なのです。

復元とはいえ沈没船そのものの中で、積荷や船員の所持品が見学できるという、リアルさ抜群の施設です。

長崎県／前方《まえかた》湾海底遺跡

最後に「港」として頻繁に利用されたことによって形成された遺跡を紹介します。九州北西の海上にある五島列島には、小値賀《おぢか》島という人の形をしたような島があります。この島の前方湾はかつて朝鮮半島と博多を結ぶ中継港として利用されていました。この湾を中心とした海底調査が小値賀町教育委員会とNPO法人アジア水中考古学研究所によって継続的に実施されており、近年ではイタリアの研究チームも参加して国際的な共同調査・研究が行われています。

継続的な調査の結果、中世の陶磁器類や碇石（船の停泊具）が多数発見されました［図51］。陶磁器類は日本・中国・タイなどの地域のもの、碇石は中国のジャンク型貿易船に装備されたタイプのものと、和船に装備されたタイプのもの両方が確認されています。このため中国や日本の船が頻繁にこの湾を利用していたことがわかります。

船は港に停泊しているからといって安全なわけではなく、台風などの事故で沈没を余儀なくされることもありました。また平時でも、不良品の発見や運搬上のミスによって貿易品が海底に投棄されることがあったと考えられます。

港遺跡はこうした様々な要因によって長い時間をかけて形成されたものであり、前方湾には

図51　前方湾海底遺跡：中央に碇石（山本祐司氏撮影・提供）

中世から現代までの海を利用した人々の歴史が詰まっているといえます。

このようにバラエティーに富んだ水中文化遺産が存在している日本ですが、先に書いた通り本格的な研究はまだ始まったばかりで、同じ東アジア圏の中国や韓国に比べると遅れをとっていると言わざるをえません。また日本は、世界の水中文化遺産の保護を目的としたユネスコの条約にも批准していないなど、研究以外にも今後取り組むべき課題が山積しています。

平成二五年度（二〇一三年度）から文化庁の「水中文化遺産調査研究事業」がスタートするなど、現在、急速に調査・研究が進展しています。

第三章

沖縄の水中文化遺産

片桐千亜紀

一　はじめに

この第三章ではいよいよ沖縄の水中文化遺産について紹介します。

沖縄にも、水中文化遺産の二つのタイプの遺跡——①はじめは陸地に形成され、後に水面下に没した遺跡と、②はじめから水中・湖底に形成された遺跡——があります。また沈没した軍艦など先の大戦に関わる遺跡や、沿岸の石切り場や魚垣といった伝統的漁業に関する遺跡もあります。ここでは前者（①・②の遺跡）を中心に紹介し、後者についてはコラムの形で取り上げます。

ところで本題に入る前に、「沖縄で海底遺跡といえばこれ！」というくらい有名な複数の「自然景観(海底地形)」について一言触れておきましょう。このうち最もよく知られているものは、おそらく与那国島南側海底の「遺跡らしきもの」でしょう。これは、はてさて何なのか。それを見極めるポイントは、人が関与した痕跡があるのかないのかという点です。つまり人が関与していれば遺跡、そうでなければ自然景観ということになります。この点に関して研究者の間では実はまだ完全な意見の一致には至っていません。しかしこれらの「海底遺跡らしきもの」

と陸上における物質文化（ヒトの活動）との間に関連性が確認できないこと、また同じような地形が自然景観の中に数多く認められることなどから、私たちを含む多くの研究者は、これは人為的に加工されたものではない――つまり自然景観であるという立場をとっています。このため本章ではこの種の「遺跡らしきもの」は取り上げません。この点どうぞご了解ください。

さて私たちのメンバーが、沖縄の水中文化遺産について本格的な調査・研究に取り組み出したのは二〇〇三年のことです（まだその頃には研究会は立ち上げていませんでしたが……）。その後、現在に至るまで様々な研究者・機関の協力や助成をいただきながら、コツコツと調査・研究を続けてきました。この章ではそんな私たちの取り組みの中で明らかになった南西諸島の水中文化遺産を詳しく紹介していきます。

二　沖縄における調査・研究の歩み

ところで私たちが調査を始めるまで、沖縄では水中文化遺産の調査は行われていなかったのでしょうか。もちろんそんなことはありません。実は多くの「先輩たち」によってすでに先駆的な研究や調査が実施されています。というわけで彼らの足跡——つまり沖縄における水中文化遺産の調査・研究の歴史をまずは簡単にまとめておきます。

戦前

一九〇四年に沖縄を訪れた鳥居龍蔵《とりいりゅうぞう》という人物がいます［図52］。彼は一八七〇（明治三）年に徳島県で生まれた考古学・人類学・民俗学者で、明治から昭和にかけて沖縄を含む広範な東アジア各地で人類学的フィールドワークを行いました。その功績は大きく、彼の名前を知らない考古学者はほとんどいないと言ってよいでしょう。沖縄を訪れた際に、鳥居は那

図52　鳥居龍蔵（徳島県立鳥居龍蔵記念博物館提供）

覇港の海岸で中国産陶磁器を採集します。そしてその散布の理由について「陶器を船載して来て、ここで難船したから、その陶器がかく海中に残存する」と紹介しました。那覇港の海岸に多量の陶磁器が散布している理由を貿易船の沈没によるものと解釈したのです。この鳥居の記録こそが沖縄の海岸から拾われる陶磁器に着目した最初の記録であろうと考えられます。

たしかに海岸の近くで船が沈没し、積荷が海底に沈んだ場合、それらは長い年月の後、波の力によって海岸に漂着することがあります。こうした事例は沖縄だけでなく、日本、いや世界各地で知られています。

図 53　現在の御物城跡

例えば国道五八号の明治橋から那覇港を眺めると、先端に緑の区域を持つ突堤が見えます。これは御物城《おものグスク》という琉球王国時代の遺跡です〔図53〕。海外貿易で得られた品物を収蔵する倉庫で、もともとは港内に孤立する島の上にありました。現在はアメリカ軍の軍用地で簡単に入ることはできませんが、その周辺の海岸には今も陶磁器が散布しているそうです。王国時代の那覇港は東アジア屈指の国際貿易港でしたから、陶磁器だけでなく貿易船が沈んでいても不思議ではありません。これについては後で「港」という視点から考えてみましょう。

本土復帰前

さて太平洋戦争が終わると、海岸から拾われる陶磁器について様々な議論がなされるようになりました。沖縄の本土復帰（一九七二年）以前では、一九六〇年に石垣島の名蔵《なぐら》湾にあるシタダル遺跡が、当時中学生だった地元の大濵永亘《おおはまえいせん》氏によって発見されています。まだ世に知られていない遺跡を発見する――考古学者に限らず多少なりとも歴史や遺跡に関心を寄せる人間にとって、これほどエキサイティングなことはないと思いますが、海岸に多量の中国陶磁器が散布する状況を目の当たりにした大濵氏の驚きは、一体どれほどのものだったのでしょうか。

また一九六一～六四年に沖縄に滞在したアメリカ人研究者ジョージ・H・カー［図54］は、先島諸島――宮古島・石垣島から波照間島・竹富島といった小さな島々に至るまで――の踏査を行い、多くの陶磁器出土遺跡を確認しています。それらの資料は、現在、沖縄県立博物館・美術館の考古部門に「ジョージ・H・カーコレクション」として大切に保管されています。

彼も、石垣島の名蔵湾にあるシタダル遺跡や、那覇港の御物城付近の海底で沢山の中国の焼物を拾うことができると書き残しています。名蔵シタダル遺跡については大濵氏から教えてもらったそうです。那覇港については鳥居の記録を参照したのかもしれません。もちろんジョージ・H・カーコレクションには、名蔵シタダル遺跡から採集した陶磁器が大量に含まれています。

図54　ジョージ・H・カー
（沖縄県立博物館『沖縄出土の中国陶器（上）』1982年、巻頭図版）

本土復帰後

沖縄の本土復帰から一二年後にあたる一九八四年、ようやく南西諸島で初めての本格的な水中文化遺産の調査が実施されました。北谷《ちゃたん》町教育委員会によって、琉球王国末期にあたる一八四〇年に北谷沖で座礁・沈没したイギリス船インディアン・オーク号の海底調査が行われたのです。海底からは、中国や東南アジアの陶磁器をはじめとした多くの積荷や船員の道具、船そのものの残骸などが回収されました。幸いなことに、インディアン・オーク号についてはイギリスの文献記録などが残っており、考古学的手法による発掘調査の成果と、文献記録をつき合わせて当時の様子を知ることができます。

続いて一九八五年には、日本水中考古学会が石垣島の名蔵シタダル遺跡の海底調査を行いました。また一九九五～九八年には、沖縄と関わりの深い奄美大島で、宇検《うけん》村教育委員会によって倉木崎《くらきざき》海底遺跡の調査が実施されています。九〇年代には久米島でも次々と調査が行われました。まずナカノ浜で陶磁器などの漂着遺物が発見され、一九九七年に沖縄県や旧・具志川村教育委員会が貿易陶磁調査研究所所長の金武正紀《きんせいき》氏らとともに遺物採集を実施しています。

二〇〇三～〇六年には、やはり久米島で青山学院大学教授の手塚直樹氏らによってナカノ浜・オーハ島漂着遺物の実態調査（踏査と表面採集された陶磁器の調査）が行われました。なおオーハ島については、地元の久手賢《くでけん》稔氏によって多量の遺物が採集され、一九九〇年代には法政大学の探検部によっても調査が行われています。

南西諸島水中文化遺産研究会

最後に私たち南西諸島水中文化遺産研究会（会長・宮城弘樹）を取り上げます。この研究会はこの本の執筆者でもある宮城・片桐が立ち上げたグループで、そこに多くの人が参加して、ともに調査や研究を行いながら今に至っています。メンバーの大半は沖縄県内で考古学の調査・研究にたずさわったり、文化財の保護業務に就いたりしている研究者で、日頃から水中文化遺産に高い関心を寄せ、機会あるごとに海の底にある「はず」の未知の遺跡や沈没船について熱く語り合ってきました。また仕事柄、地元住民から海で拾った遺物が持ち込まれることがあり、これにどのように対応するべきかという共通の課題も抱えていました。

やがて二〇〇二年、私たちは「南西諸島における沈没船発見の可能性とその基礎的調査―海洋採集遺物からみた海上交通―」という研究テーマを掲げて、財団法人日本科学協会の笹川科学研究助成に応募することにしました。単に沈没船を探すだけではなく、これまで不十分だった水中遺跡や水中から引き揚げられた遺物の保存と調査を本格的に行いたい、そんな気持ちが強まったためです。幸いなことにこの申請は認められ、二〇〇三～〇五年に鹿児島県・奄美大島・沖永良部島・沖縄諸島・宮古諸島・八重山諸島で調査を行うことができました。

さらに二〇〇四～〇九年には、沖縄県教育委員会が主体となって埋蔵文化財センターが県内沿岸地域の遺跡分布調査を実施しました（ちなみに私たちのメンバーの多くは当時埋蔵文化財センターに勤務していました）。この調査は、県内沿岸部に存在する遺跡の悉皆《しっかい》調査（全数調査）を実施して遺跡地図を作成するというもので、水中文化遺産の分布調査としては沖縄県で初めて行われたものです。調査の結果、すでに知られているもの、新たに発見されたものを合わせ、多数の水中文化遺産が確認されました。作成された遺跡地図には二〇〇余りもの遺跡や遺跡参考地が示されており、沖縄の水中文化遺産の持つ可能性の高さを教えてくれます。

沖縄県教育委員会による調査が終了した直後の二〇〇九年、今度は、鹿児島大学法文学部異文化交流論研究室（代表・渡辺芳郎教授）と私たち――この時点で初めて正式に「南西諸島水中文化遺産研究会」と名乗ることになりました――が南西諸島全体の水中文化遺産調査を実施することになりました。このプロジェクトは、ＮＰＯ法人アジア水中考古学研究所が日本財団の助成により実施した「海の文化遺産総合調査プロジェクト」の一環として行われました。南西諸島だけでなく日本全体の水中文化遺産についてデータベースを作成するという大規模なものです。沖縄県教育委員会や埋蔵文化財センターは当然ながら沖縄県内のみが調査対象で、県外にある沖縄と関係の深い鹿児島の沿海部や奄美諸島の遺跡の調査は行っていません。しかしこの調査では、鹿児島大学によって沖縄県にとどまらない奄美など鹿児島以南の島々が踏査され、多くの遺物が採集されました。また地元の漁協やダイビングショップなどに対するアンケート調査により、各地の水中文化遺産の情報をさらに収集することもできました。もちろん沖縄県側の南西諸島海域でも、これまでの情報をもとにさらなるデータを集めることができました。

三　沖縄の水中文化遺産を理解するために

次に、私たちは一体どのようなものを水中文化遺産と呼び、調査の対象としてきたのか、その概要を説明します。これまでに何度も述べてきましたが、水中文化遺産には「はじめは陸地に形成され、後に水面下に没した遺跡」・「はじめから水中・湖底に形成された遺跡」の二つのタイプがあります。ここでもこの分類を使って話を進めていくことにします。

①はじめは陸地に形成され、後に水面下に没した遺跡

このタイプの遺跡として、沖縄には数千年前の先史時代の遺跡があります。海岸やラグーンの中から先史時代の土器や石器が発見されるのです。もともとそこは人が生活していた陸地で、それが地殻変動や海面上昇によって今では海に沈んでしまったものと考えられます。このタイプの遺跡は調査が十分なされておらず、実態はほとんど明らかになっていません。

しかし沖縄のような島嶼地域には、このような遺跡がまだまだ埋まっている可能性があります。最終氷期最盛期（今からおよそ一万八千年前）には現在よりも百数十メートルも海底面が下だっ

たことがわかっており、その頃の陸地の多くは現在海底に沈んでいます。人類が当時の海岸部で生活していた可能性を考えると、陸上の遺跡だけでは沖縄の歴史と文化を本当に理解することはできないのかもしれません。海底に沈んだ先史遺跡の発見と調査は、今後注目される分野の一つといえます。

②はじめから水中・湖底に形成された遺跡

①のタイプが未開拓である以上、この本で紹介する多くの遺跡は②のタイプということになります。この②のタイプの遺跡ですが、さらにいくつかのタイプに分けることができます。

港

まずは港です。人が船を利用する場合、どうしても船を停泊する港が必要となります。そしてこの港で、船の積荷が下ろされたり、積み替えられたりします。その時、不良品や、運搬中に破損して価値がなくなった品物が海中に投棄されることがあります。そのうち、陶磁器のように「腐食せず、失われにくいもの」は海底に長く残ることになります。というわけで私たちが港を調査すると、海岸であろうと海底であろうと実に様々な時代の多様な遺物が出てきます。そしてこれらの遺物を分析すると、その港（と海域）がどの時代からどの時代まで、どのように利用されていたのかを知ることができる、ということになります。

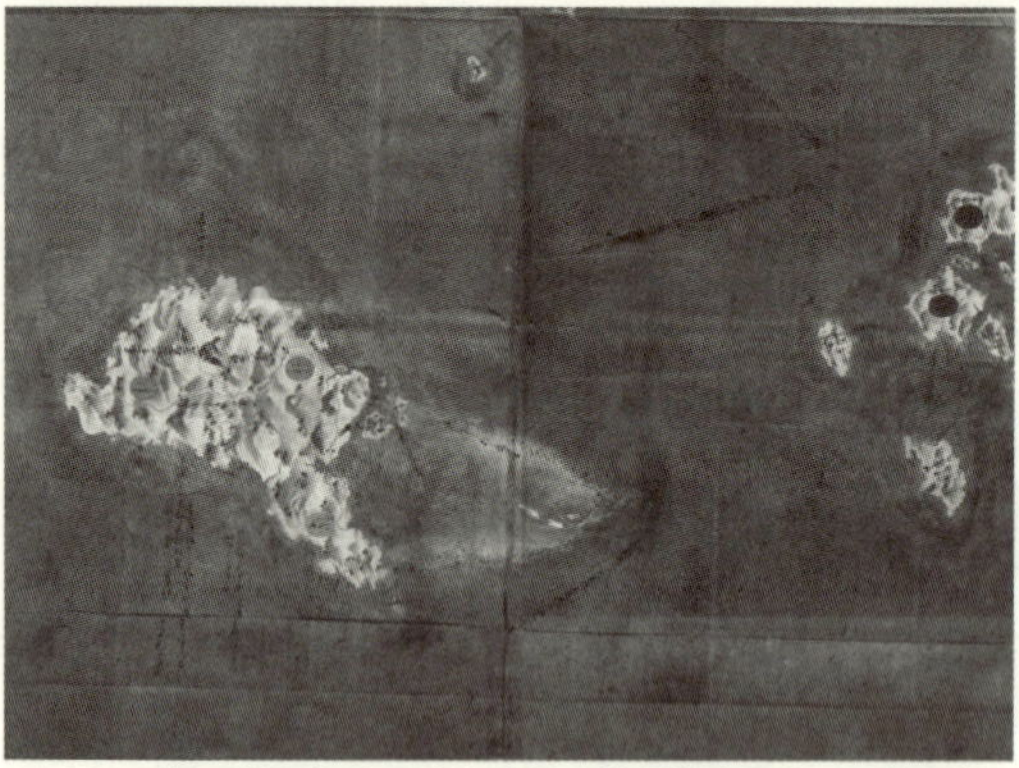

図55　正保国絵図部分（東京大学史料編纂室所蔵　沖縄県教育委員会文化課琉球国絵図部史料集編集委員会編『琉球国絵図史料集第一集』榕樹書林、1992年、P 77）

また港の利用状況をしっかりと把握することで、グスク（城）や集落など陸上の遺跡で消費されたものが、どこからどのように運ばれたのかも知ることができます。逆に言えば、陸上の遺跡で消費された遺物の運搬状況を知るには、港の実態の理解が不可欠ということになります。

　このような港に関わる遺物の特徴は、事件や事故といった「瞬間」ではなく、（そうした「瞬間」の連続も含む）日常的・常態的な営みを反映しているという点にあります。

　例えば一七世紀半ばに江戸幕府の命令で作成された「正保国絵図」［図55］には、沖縄の港とその航路が描かれていますが、ということはその絵が描かれる以前から、そこが港であった可能性が高いということになります。では一体いつからどのように港として利用されていたのか……それを証明できるのが考古学的な調査なのです。

　というわけで私たちもこうした古地図に記載された港を踏査という手法で調査しました。踏査とは、簡単に言えば、とにかく海岸をひたすら歩くことです。そして実はこれ、なかなか大変な調査なのです。

海岸の踏査はなるべく干潮時を選んで行うのですが、夏場だと最も潮が引く時間帯は大抵正午前後です。つまり踏査は炎天下の昼間に実施することが多くなります。想像してみてください。沖縄の暑さと肌を焦がす強い日差しを！　しかしこの灼熱の暑ささえ我慢すれば、潮の引いた海での踏査は、潜水調査より遙かに効率がよいのです。もちろん潜水調査も必要があれば実施しますが。こうした調査の成果については、追って紹介します。

海難事故

人間の「継続的・日常的・常態的な営み」を知ることのできる港に対して、一時的な事件・事故を伝えるのが海難事故に関わる遺跡です。その代表格はもちろん沈没船です。船の沈没理由は様々ですが、台風などの自然災害に遭う、暗礁に乗り上げる、洋上での戦闘で船が破損する……などがよくある事例と言えます。

ただし海難事故の遺跡は沈没船だけとは限りません。例えば船は沈没を避けるために、積荷を海に捨てて船体を軽くすることがあります。昔の船は木造でした。木造船はそのままだと船体が軽すぎて安定しないので、「バラスト（おもり）」が必要です。積荷が重ければそれがバラストになりますし、積荷が軽い場合は、商品としてほとんど価値のない石などを船底に敷き詰めたりしました。このバラストを捨ててしまえば、木造船は（例え嵐でバラバラになっても）浮くことができ、それにつかまってさえいれば助かる可能性がありました。このようなケースだと、沈没船は見つからず積荷だけが多量に発見されるということになりますが、これも海難事故の遺跡ということになります。

具体的に考えてみましょう。もし船から海中に投棄された積荷が、いくつもの木箱に梱包された数千から数万点の陶磁器だったら、と想像してみてください。

その船が積荷を捨てた海が、河口の近くなど土砂が短時間で堆積する環境であれば、長い年月を経ても積荷は捨てられた当時の状況に近い状態で保存されることになるので、おそらく何枚もの陶磁器が重なり合った状態で埋まっていることでしょう。

逆にいつまでも土砂が堆積しないような流れの強い海域であれば、木箱は朽ち果て、重ねられた陶磁器は波の力によってバラバラになり、時間が経つにつれて広大な海底に散り散りに広がっていくでしょう。

実は沖縄では、船体は見つからないのに、同時期に生産された多量の陶磁器だけがある海域に散らばっているという遺跡がしばしば確認されます。同様の遺跡は、海難事故に遭った船が積荷を海に投棄したために形成された可能性があるわけです。

ただし船そのものが沈没してしまった場合でも、同様の遺跡が形成されることがあります。つまり沈没船が長い期間、土砂の中に埋まらず海中に露出した状況にあった場合、船体や木箱などの有機物は朽ち果ててしまいます。そうなると沈没せず積荷のみを捨てたケースと同じように、腐食に強い陶磁器のみが海底に残されることになるのです。

　ですから沈没船のない海難事故の遺跡は、そこにもともと沈没船があったのか、あるいは積荷のみが捨てられたのかという点に関して、情報を多角的に分析しながら慎重に検討を進める必要があります。

生活ゴミ・祭祀・漁業

　このほかに「はじめから水中・湖底に形成された遺跡」として、海岸部に形成された集落など、人々が沿岸部を何らかの形で利用することによって残されることになった遺跡があります。例えば投棄された生活ゴミ、航海安全を祈願して水中に捧げられた物、漁業活動によって水没した漁具などです。ただしこの種の遺跡の「認識」は至難の業です。例えば海底で一点の漁具を確認したとしても、使用しなくなったゴミとして捨てたのか、豊漁を祈願して投棄したのか、何らかの事故で紛失したのか、といった理由を判断するのは難しいからです。

　沖縄でもごくわずかな遺物が海岸や海底で確認されることはありますが、それがこの種の遺跡なのかどうかはなかなか判別し難いというのが現在の研究状況です。しかしそのような遺跡が存在する可能性は十分にあると考えられます。

建造物・魚垣《ながき》・塩田《えんでん》・石切場《いしきりば》

ここまで紹介した遺跡は基本的に「動かすこと」が可能なものばかりです（さすがに沈没船を丸ごと動かすことは現実的にはなかなか難しいですが……）。しかし「はじめから水中・湖底に形成された遺跡」の中には基本的には「動かない／動かせない」ものもあります。それは橋脚や護岸などの建造物、潮の満干を利用して作られた魚垣（石干見）や塩田、石切場などの生産遺跡です。

橋脚や護岸は常に水上に見えているので水中文化遺産と意識されないことが多いですが、その土台は水中に作られているのですから、実は立派な水中文化遺産です。沖縄でもわずかながら存在しています。

魚垣（石干見）・塩田・石切場は、潮の満干を利用して「魚を採る」・「塩を作る」・「石材を切り出す」という生産行為に関する遺跡で、人類の海岸利用を如実に物語る貴重な水中文化遺産といえます。沖縄県内ではこれだけで一冊の本が書けるほど多数の遺跡が確認されていますが、この本ではコラムで簡単に紹介することにとどめます。

イカリ

最後に近年注目を集めている重要な水中文化遺産を紹介します。それは船のイカリです。これを分析することで、陶磁器の分析だけでは明らかにできない港・沈没船・海上交通についての様々な謎が解き明かされ、海の視点から人の歴史と文化をより深く理解することができる――

―イカリはそんなスーパー水中文化遺産なのです。

イカリは、その材質によって碇・錨・アンカーなどと記される船の停泊具です〔図56〕。その材質は、人類の歴史とともに石から木、木から鉄へと変化していきました。また時代によって、あるいは同じ時代であっても、生産される国や地域、船の大きさ、用途によって様々な形が生み出されました。ということはイカリの形態を詳細に分析すれば、それが製作された時代や、国・地域、船の大きさ、用途などを明らかにすることができるわけです。このことは物質文化を研究対象とする考古学にとって、実に魅力的な点と言えます。

少し沖縄の例で考えてみましょう。沖縄が海洋国家として繁栄した琉球王国時代、琉球列島には小さな島々にまで外国との貿易で手に入れた品物が流通していました。特に各地域で発掘される中国産陶磁器の量は膨大で、それらが権力者や地域の有力者の間で珍重されるだけでなく、農民や漁民といった大多数を占める島々の人々にとっても日常的な生活品として使用されていたことがわかっています。また中国産陶磁器はアジアで広く愛用された商品だったので、沖縄から諸外国に転売される商品の主力でもありました。

ところで中国産陶磁器が発掘されるからといって、その島やグスク・集落の目の前の海に、陶磁器を満載した中国船がやってきて貿易をしたとは限りません。例えば中国船が那覇港にやってきて貿易を行い、その商品が国内の小型船に積み替えられて、沖縄本島北部や宮古・八重山に運ばれ、グスクや集落にもたらされた可能性も十分にあります。遺跡から多量の陶磁器

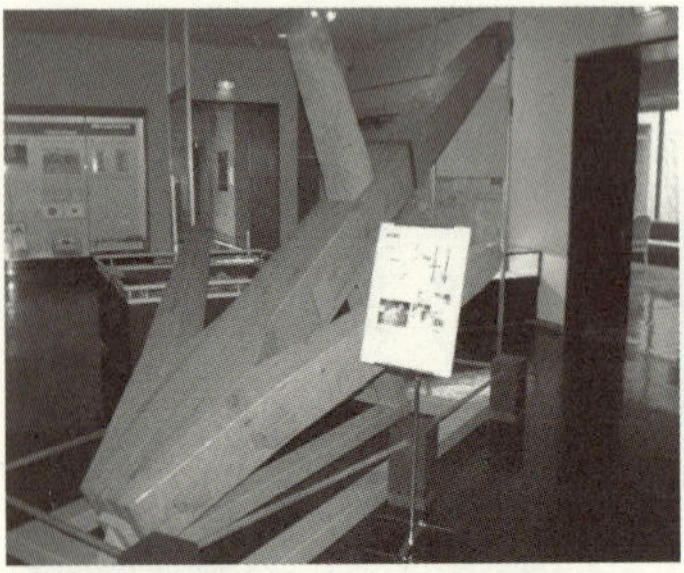

①石製のアンカーストックが使用された木碇（福岡市埋蔵文化財センター）

②木製のアンカーストックが使用された木椗（韓国　国立海洋文化財研究所）

③木製のアンカーストックが使用された西洋型鉄錨（釧路漁港）

④鉄製のアンカーストックが使用された西洋型鉄錨（ハワイ　ホノルル港）

⑤四爪鉄錨（北海道上ノ国町）

図 56　様々なイカリ

が出土すれば、目の前の海に巨大な中国船がやってきて貿易をしたのだと想像したくなりますが、実はそう簡単な問題ではないのです。したがって県内各地で発見される陶磁器が、そこにどのように運ばれたのかを知ることは非常に難しく、これまでの研究はこの問題にはっきりした答えを出せないままでした。そこで重要になってくるのがイカリです。

通常、船は複数のイカリを装備し、港に停泊する時にはこれを必ず使用します。そしてこのイカリ、実はけっこうな頻度で停泊した海底に残されてしまったようなのです。つまり一度海底に打ち込んだイカリを、何らかの理由によってそのまま鎖や綱を切って放置していく、もしくは「使い捨て」するといったことが、たびたび行われていたようなのです。このため、港を調査するとしばしば海難事故の痕跡がなくてもイカリが見つかるということがあります。また陸上でも石材や鉄材として二次的に利用されたイカリが発見されることがあります。

その地域から発掘される陶磁器を調べても、そこにどのような船が来たのか、来たとすればどこから来た船なのか、といったことはわからないわけですが、イカリは違います。各地域で見つかったイカリを分析すれば、その海にやってきた、あるいはその港を利用していた船の国籍・地域・時代などをある程度特定することができるのです。

どうです？　イカリの魅力やすばらしさを、少しは理解していただけたでしょうか。この素敵な「海の中の歴史のカケラ」＝イカリの研究成果については後ほど説明します。

四　海に沈んだ陸の遺跡

それではいよいよ沖縄の個々の水中文化遺産について具体的に紹介していきます。まずは水中文化遺産の二つのタイプのうちの「はじめは陸地に形成され、後に水面下に没した遺跡」を取り上げます。

先史時代の遺跡

名護市の羽地内海にある屋我地《やがじ》島南岸から数メートル沖の海底に、墨屋原《すみやばる》遺跡という遺跡があります〔図57〕。約五千～六千年前の遺跡と推定されています。まだ本格的な発掘調査は実施されていませんが、干潮時にこの海岸を歩くと土器などの遺物を拾うことができます。……と、ここまで読んで「さっそく遺物を探しに名護へ行こう」と思った方、ちょっと待ってください。

遺物が歴史を語る力を最大限に発揮できるのは、陸でも海でも発見されたその場所にそのまま「ある」時です。また遺跡・遺物

図57　屋我地墨屋原遺跡

はそもそも国民共有の貴重な資料ですので、決して私物化してはいけません。

というわけで遺物を見つけたら、なにとぞ決して勝手に持ち去らずに、その状態のまま、まずは地元の教育委員会にご一報をお願いします。

話は戻りますが、墨屋原遺跡のように干潮時の海底で見つかる土器や石器は、多くの場合もともと陸上にあったものが、海面の上昇や陸地の沈降などによって数千年の時間をかけて水没したと考えられます。陸地に対する海の高さは長い時間を経て変化します。

例えば今から一万八千年前の最終氷期の最盛期（最寒冷期）には、海水が氷結によって減少したため海面が約百メートルも低くなり、海岸線は現在よりもずっと沖へ遠のいていました。また沖縄本島と久米島、石垣島と西表島などは同じ一つの島になっていたと考えられています。海面が上下するだけではありません。陸地も地殻変動によって隆起したり沈降したりします。ある研究によれば、沖縄本島から北に三〇〇キロメートル、奄美大島の東に浮かぶ喜界島は、年間二ミリも隆起しているそうです。

沖縄には、海水準（陸地に対する海面の相対的な高さ）よりも下から発見された陸上遺跡がいくつかあります。例えば宜野湾市・北谷町の新城下原《あらぐすくしちゃばる》第二遺跡で発見された約六〇〇〇年前の遺跡は、海抜下〇～一メートルに位置しています。墨屋原遺跡と同じく、海面や陸地が今より低い位置にあった時の遺跡と考えられます。

沖縄の沿海や陸上にはまだまだ、こうした遺跡が眠っている可能性があります。いつか海の中から、沖縄の島々に人類が初めて棲み着いた頃——当時の海岸線は今では海底となっています——の遺跡も見つかるかもしれません。沖縄に限らず世界規模で見ても、海底には、アフリカで誕生した人類の拡散と移動を解明し得る遺跡や、海を越えて各大陸に初めて適応した初期の人類の遺跡などが多数存在すると考えられており、その潜在的価値の高さが注目され始めています。今後、水中調査を重ねることによって解明される（かもしれない）史実に期待が高まります。

ほかに先史時代の水中文化遺産としては、今から約一千数百年前のカトゥラ貝塚が発見されています。この遺跡は西表島浦内川の河口右岸の水深一・五メートルの川底にあり、貝や魚骨・獣骨・石器などが出土しています。地元研究者の石垣金星《いしがききんせい》氏によって発見された遺跡で、その後、東海大学沖縄地域研究センターが本格的な潜水を伴う発掘調査を実施しました。その結果、これらの遺物は七世紀に二次的に堆積したものである可能性が高いということが判明しています。

琉球王国時代の土木工事の痕跡

護岸や架橋など海・川に関わる土木工事の痕跡が、水中に残されていることがあります。一九九六年に那覇市と豊見城市との間で実施された発掘調査では、琉球王国時代に建設された旧真玉橋《まだんばし》の橋脚部と潮切りが発掘されました。

図 58　旧真玉橋の橋脚遺構

この橋は、一五二二年に国場《こくば》川の木橋として設けられ、一七〇七年石橋に改修されたものです。橋は琉球王国がなくなった後も残り、五連のアーチを描く沖縄を代表する橋梁として親しまれていましたが、太平洋戦争で完全に破壊されてしまいます。戦後、新しい真玉橋が再建されましたが、旧真玉橋の姿は戦前の写真でしか確認することができませんでした。

ところが完全に消失してしまったと考えられていた真玉橋が、一部分（橋脚部と潮切り）ではありますが、先の調査によって発見されたのです。かつて水中で橋を支え、水圧を和らげていたこの貴重な遺構は、現在、少し離れた場所に移築・保存され、誰でも見学することができます［図58］。

なお一九九七年一月二七日、琉球新報の紙面で、真玉橋付近で伝馬船《てんません》とみられる木製の船の底板の部分がほぼ完全な形で発見されたと報道されました。縦約三メートル、幅約一メートルの流線形の船底で、細長い板を縦に組み合わせたものです。発掘された木造船体としてはおそらく沖縄で初めての事例と考えられ、現在は沖縄県立埋蔵文化財センターで保管されています。

◆コラム4　魚垣《ながき》　―伝統的漁法の水中文化遺産―

沖縄には、魚垣――方言ではカチ・カキィ・ハシィ・クミなど――と呼ばれる伝統的な漁法があります。浅瀬に石垣を積み、潮の干満を利用して魚を捕らえるもので、例えば八重山では石垣の中央に口を開け、満ち潮で魚群が入ったら口に網を張り、引き潮の際に魚を捕獲します。沖縄県立埋蔵文化財センターが二〇〇四～〇九年度にかけて実施した調査では県内に四三の魚垣が確認されました。おそらく以前はもっと多くの魚垣があったものと考えられます。なお魚垣は日本本土では石干見《いしひみ》と呼ばれ、有明海や瀬戸内海でも見ることができます。

ここでは沖縄で文化財となっている二つの魚垣を紹介します。一つ目は、宮古島市の指定有形民俗文化財となっている下地島のカタバルイナウの魚垣です。地元の方言では「カツ」と言い、一九五〇年頃に「善平マツさん」という人物によって整備されたと伝えられています。海に向かって右側に約三〇〇メートル、左側に約六〇メートルの石積みが残っています。二つ目は、沖縄県竹富町の小浜島南岸にある、長さ一二〇〇メートルにも及ぶ、島本海垣（スーマンダーガキィ）です。竹富町指定文化財で、琉球王国時代にこの島出身の女官が築いたという由来が伝わっています［図59］。

図59　小浜島の魚垣

近代的漁法の普及によって魚垣は姿を消しつつありますが、二〇一〇年一〇月に石垣島の白保で「世界海垣（インカチ）サミット」（ＷＷＦジャパン・白保魚湧く海保全協議会主催）が開催されるなど、魚垣の文化的価値を見直す動きもあります。

（宮城弘樹）

◆コラム5　塩田《えんでん》跡　―名護市屋我地《やがじ》・今帰仁村《なきじん》湧川《わくがわ》の塩田跡―

沖縄では古くから製塩が行われていましたが、それは海水を直接煮詰めるという原始的な方法でした。その後一六九四年に那覇泉崎の廖徴《りょうちょう》（塩浜《しおはま》親雲上《ぺーちん》芸香《げいか》）という人物が、薩摩の弓削次良から入浜式塩田法を伝授され那覇の潟原《かたばる》で製塩を開始したと記録されています（『球陽』附巻二）。この塩田法はやがて泊（那覇市）・泡瀬（沖縄市）・与根（豊見城市）といった地域にも広まりました。しかし一九〇五年に専売法が施行され塩の自由製造が禁止されたことや、一九七二年の本土復帰後、沖縄振興開発計画などによる海岸部の大規模な埋め立てが進んだことなどにより、多くの塩田が姿を消してしまいます。

その塩田の跡を、現在、非常に良好な形で見ることができる場所として名護市屋我地島と今帰仁村湧川の沿岸部があります。そこでは干潮時に海が干上がると、海底から田んぼの畦のような石積みが現れます。かつての塩田の遺構です〔図60〕。

図60　屋我地我部の塩田跡

なお塩の製造については一九九七年から規制緩和が進み、二〇〇五年に完全に自由化されたので、現在では塩田法による塩の製造販売もできるようになりました。このため屋我地では、塩田を復活し「屋我地マース（塩）」と銘打った塩の生産販売が行われています。

（宮城弘樹）

◆コラム6　石切場《いしきりば》跡　―久米島北原《きたはら》海岸の石切場跡―

沖縄では近年まで、陸上だけでなく海岸部でも石材を採掘する作業が行われてきました。沖縄ではこれを「石切り」と呼んでいます。切り出される石材は主に琉球石灰岩とビーチロックです。琉球石灰岩のうち、特に緻密で硬いものは俗にトラバーチンとも呼ばれ、国会議事堂の正面玄関の柱にも使用されています。ビーチロック（板干瀬《ビシ》）は、珊瑚や石などが炭酸カルシウムのセメント作用によって固まった海浜砂岩で、沖縄の海岸でよく見ることができます。軟質で割り取りやすいため、石材としては格好の素材と言えます。

こうした石材を切り出す石切の跡が海岸部には数多く確認できます［図61］。かつて石切に関わった方への聞き取り調査などによると、沿岸部での石切は次のような手順で行われたそうです。

①溝を彫る。
②楔を打ち込み、潮の満ち引きや太陽熱を利用して梃子《てこ》の原理で石を割り取る。
③柱状の形に仕上げる。

こうして切り出された石材は、建築材として重宝され、屋敷囲いの石垣など沖縄の石造建造物に用いられました。

（宮城弘樹）

図61　久米島北原海岸の石切場跡

五　海に沈んだ海底の遺跡

次に「はじめから水中・湖底に形成された遺跡」を紹介します。沖縄では最も多く確認されている水中文化遺産です。

沖縄の海岸ではまれに波に打ち寄せられた漂着遺物——例えば陶磁器のカケラなど——を拾うことができます。それは一つだけポツンと落ちていることもあれば、千点以上の破片が散らばっていることもあります。また同じ時代の物ばかりが落ちている場合もあれば、多様な年代のものが混在していることもあります。こうした遺物の中には「沈没・座礁など船の事故によって海中に沈んだもの」あるいは「船が何らかの事情で海中に投棄した積荷」が含まれていると考えられます。

もちろん陸上の生活の中での廃棄物やたまたま流れついたものもあるはずですし、またその海岸が港として利用されていた場合は、船や陸から投棄されたゴミや船から落下した積荷である可能性もあります。ですから遺物が落ちているからといって、必ずしもすべてが沈没船や遭難船に結びつくわけではありません。しかしそれが「時代的にまとまりがあって、大量の遺物が散布している事例」である場合は、船一隻（または数隻）によって水中に形成された遺跡である可能性が極めて高いと言えます。ここではこうした遺跡のうち、特に外国との貿易に関わる遺跡について、いくつかのテーマやトピックごとに紹介していきます。

（一）グスク時代～琉球王国1　進貢貿易のルートを探る

現在の沖縄には、かつて琉球と呼ばれる王国がありました。一二世紀頃から王国形成への道を歩み始めた琉球は、一四世紀後半になると中国の王朝・明とゆるやかな君臣関係を結びます。この関係は、琉球国王が明の皇帝に対して定期的に使節を派遣して貢物を献上する「朝貢《ちょうこう》（進貢）」と、皇帝が国王に王号を授ける「冊封《さくほう》」によって維持され、琉球には朝貢の際の恩典として明における貿易活動が認められていました。これが進貢貿易です。琉球はこ

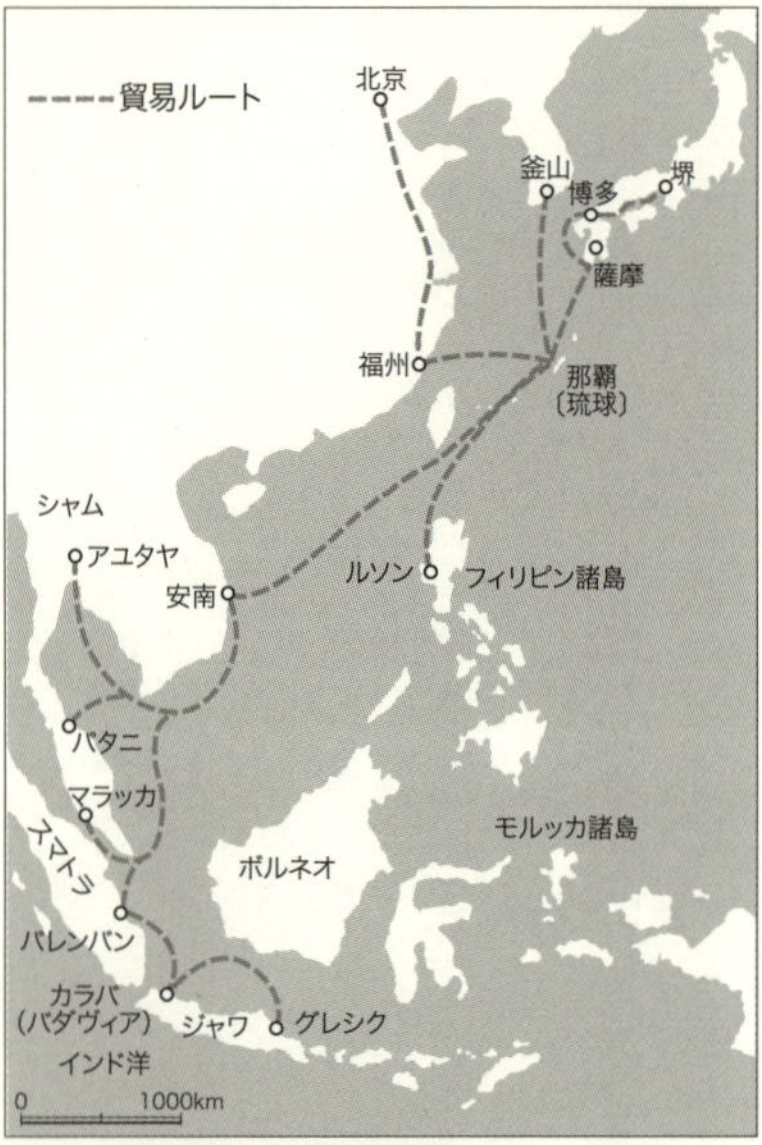

図 62　琉球の対外貿易要図
（高良倉吉・田名真之『図説琉球王国』
河出書房新社、1993 年、P19 を参考に作図）

の進貢貿易によって陶磁器を主力とした中国商品を大量に入手し、それらを東南アジア・朝鮮・日本などへ転売して大いに繁栄しました［図62］。繁栄のピークは一五世紀から一六世紀の初頭までで、その後は国際情勢の変化などにより海外貿易は徐々に衰退に向かい、アジア諸国を股に掛けるような華々しい貿易活動は行われなくなります。しかし中国との君臣関係は維持され、薩摩の侵攻（一六〇九年）により琉球が日本の監督下に入った後も、また明から清へ中国の王朝が交替した（一六四四年）後も、琉球は王国が滅亡して日本の中の「沖縄県」になるまで、定期的に中国に進貢船を派遣し、進貢貿易を行ってきました。

図63　進貢船の図部分（沖縄県立博物館・美術館蔵）

琉球の進貢船は、通常北風を利用できる秋に貢物や貿易品を積んで那覇港を出発します［図63］。那覇港は、琉球最大の港で、国内各地や諸外国からの商品が集まり、積み替えられ、再び諸地域に運ばれていく拠点でもありました。進貢船は出航後、福建省の福州（一四七〇年頃までは泉州）に向かいます。福州は明から指定された琉球進貢船の入港地だったからです。

では福州にいたる海の道のりをたどってみましょう。進貢船は帆船ですから、那覇港を出発すると風頼みの旅が始まります。一気に福州に向かうのは難しいので、少し船を進めたところで風待ちが行われました。風待ちの地点としては、まず那覇の西の洋上約四〇キロメートルに浮かぶ慶良間《けらま》諸島の座間味《ざまみ》島が挙げられます。そこにはとても広い波の穏やかな湾があり、進貢船は湾内にある「唐船小堀《とうせんグムイ》」と呼ばれる場所で風待ちをすることがあったようです。

慶良間諸島の次に進貢船が目指すのは久米島でした。江戸時代に作成された「正保国絵図」には久米島の南北に真謝港と兼城港が記載されていますが、風や季節によって進貢船はこの両港を使い分けていたのかもしれません。この久米島が最後の寄港地となります。久米島を出ると船はいよいよ外洋航海に入ります。福州を流れる閩江の河口にたどり着くまで、順調であれば一週間ほど、島影の見えない「唐旅」が続きました。

図64　紫禁城の太和殿

福州へ到着すると一部のメンバーは都・北京へと旅立ちます。紫禁城（故宮）に住まう皇帝へ拝礼し、国王の書簡や貢物を献上するためです［図64］。彼らは翌年福州に戻り、やってきた迎えの船で帰国します。一方、北京へ行かない大半のメンバーは福州に短期滞在して貿易を済ませると、自分たちの乗ってきた進貢船で帰国の途に就きました。

次はこの進貢貿易のルートに沿って、これまで確認されている水中文化遺産の状況を見ていきます。

①久米島

真謝港《まじゃ》

琉球へ戻る進貢船がはじめに寄港するのが久米島です。島が見えた時、船員たちはようやく祖国へ帰ってきたと安堵したことでしょう。この久米島の二つの港のうち、真謝港の海岸には様々な時代の陶磁器が散布しています。その内最も古いものは、一二世紀後半から一三世紀前半のものと考えられる中国の龍泉窯《りゅうせんよう》系の青磁（劃花文）です。そのほかにも一五世紀から一七世紀頃までの中国産の青磁・白磁から、一七世紀以降に生産が開始された沖縄産の陶器にいたるまで、様々な陶磁器が含まれています〔図65〕。琉球は一四世紀後半に明への進貢を開始しますが、一二世紀後半から一三世紀前半の中国産陶磁器が発見されたということは、すでにその頃から真謝港が中国との貿易に関わる形で

図65　真謝港採集の陶磁器（沖縄県立埋蔵文化財センター提供）

利用されていた可能性を示しています。

さて真謝港の周辺には、琉球王国時代の後半期（近世）の海難事故に関わる遺跡も残っています。それは一七五六年に尚穆《しょうぼく》王の冊封のために福州から那覇に向かう途中の冠船（冊封使一行を乗せた船）が、真謝港の沖合に停泊していたところ、大風に遭って干瀬に乗り上げ座礁してしまった事件に関わる遺跡です。幸い地方役人や地元住民の迅速な救助活動により冊封使らは無事に救助され、そのことを神に感謝した国王が後に「天后宮《てんこうぐう》」という中国の航海神・天后（媽祖《まそ》・天妃《てんぴ》）を祀った祠を真謝に作らせました［図66］。真謝港の歴史を刻む重要な遺跡の一つです。

久米島で確認された水中文化遺産は、港に関わるものだけではありません。真謝港の東側、那覇へ向かう航路の途中には奥武《おう》島・東奥武島（オーハ島）、そして長大な砂州であるハテノ浜へと続く暗礁地帯が存在します。この海域からは貿易船の海難事故に関わる水中文化遺産が発見されています。

図66　天后宮

ナカノ浜沖海底遺跡

出土陶磁器の専門家である手塚直樹氏（青山学院大学教授）に、新垣義夫氏（普天満宮宮司）が「ハテノ浜」から採集した遺物の鑑定を依頼したことによって注目されるようになった遺跡です。手塚氏が鑑定した結果、この遺物は一二世紀末頃から一三世紀前半頃の中国産陶磁器であることが判明しました。ハテノ浜は久米島の東に延びる長い砂の島ですが、後の一九九九年に金武正紀氏（貿易陶磁調査研究所所長）らが遺跡の確認調査を行ったところ、新垣氏の遺物の多くが拾われた地点はハテノ浜から砂州状につながる「ナカノ浜」北岸であることがわかりました。

現在でも浅い海底に、密度は低いですが、広く遺物が分布している状況が確認できます。後述する東奥武島（オーハ島）からハテノ浜にかけては美しい海の景観で有名ですが、船にとっては危険な暗礁地帯です［図67］。海難事故が起こって陶磁器が散乱することになったのも、自然条件がもたらしたものと言えるかもしれません。

ナカノ浜沖海底遺跡の遺物は、現在、久米島博物館（旧・久米島自然文化センター）や沖縄県立埋蔵文化財センターなどに

図67　東奥武島（オーハ島）とハテノ浜（山本祐司氏撮影・提供）

保管されています［巻頭写真vii］。中国の龍泉窯（浙江省）や同安窯（福建省）で焼かれた青磁が採集されており、一二世紀後半から一三世紀前半頃の貿易船の積荷が、座礁や沈没によって海底に没したものと考えられます。この平坦な砂の島は、初めて来た船にとっては――特に夜間は――ほとんど見えなかったことでしょう。ナカノ浜の遺物は、多くの船が座礁の運命から逃れられなかったことを雄弁に物語っています。

東奥武島（オーハ島）沖海底遺跡

この遺跡は、地元の文化財保護委員の久手堅《くでけん》稔氏によって発見されました。島の南側から東側にかけてのナカノ浜を遥かにしのぐ広大な海域に、膨大な量の中国産陶磁器が散布しています［図68、69］。そこから採集された陶磁器約二百点は、現在、久米島博物館に保管されています。その多くは龍泉窯で焼かれた青磁の碗で、一四世紀後半から一五世紀前半頃の陶磁器と推定されています。まだ詳細な調査は行われていませんが、おそらく数千点規模の陶磁器が埋没しているのではないかと考えられます。一四世紀後半といえば、沖縄では、中山・山北（北山）・山南（南山）の

図68　東奥武島（オーハ島）沖海底遺跡の遺物
（沖縄県立埋蔵文化財センター提供）

勢力が本島を三分して鼎立した三山時代です。それぞれの王が明との進貢貿易を行っていましたが、彼ら以外にも貿易に参画し、富を蓄えて成長した者がいるとみられ、こうした人々によって久米島を含む各地にグスク（城）が築かれていきました。久米島のグスクからは、東奥武島（オーハ島）沖海底遺跡の遺物と同じような種類の陶磁器も多数発掘されています。このことから久米島のグスクとなんらかの関わりを持った貿易船がオーハ島沖で海難事故に遭った可能性が考えられます。

図69　オーハ島沖海底に散乱する陶磁器とその撮影風景

中国型碇石《いかりいし》の存在

また久米島からは、中国の伝統的な貿易船（ジャンク船）に装備されていたとみられるイカリ（木石碇）に使用されていた碇石が二つも確認されています。これを中国型碇石といいます。碇石とは、イカリそのものではなく、木のイカリを海底に沈め固定するために用いられた「イカリの部品」です。イカリが船の特徴をあらわす重要な史料であることはすでに述べましたが、中国型碇石の存在は、まさに久米島近海に中国型の貿易船が存在したことを如実に物語るものです。二本の碇石のうち、一本は、全長二・一三メートル、重さは約一七〇キロです。宇江《うえ》城《グスク》（標高約三一〇メートル）――県下で最も高所にあるグスク――で発見され、今は久米島博物館に保管されています［図70］。もう一本は全長約二・三メートルで、真謝集落にあったと言われており、現在は沖縄本島の名護博物館に保管されています。二メートル程度の碇石を使う船の大きさは、全長三五メートル（三〇〇トン）前後と推定されており、久米島付近を中国籍の大型外洋船が航行していたことがわかります。

　中国型碇石は中世日本の国際貿易港であった博多を中心に、北部九州で多数確認されています。かつて元寇の際に蒙古軍船が使っていた碇石と同タイプのものと考えられ、このため「蒙古碇石」と通称されています。南西諸島では奄美大島で八本、沖縄諸島で三本（恩納村一本・久米島二本）が確認されています。久米島を含む各地で発見されている中国型碇石は、巨大な貿易船の航路を考える上で重要な手がかりとなっています。先島諸島ではまだ確認されておらず、進貢貿易の重要なルート、寄港地であった久米島でこのような碇石が二本も発見されていることから、この島の重要性が浮かび上がってきます。

図 70　中国型の碇石（久米島博物館蔵）

②慶良間諸島　座間味島

阿護《あご》の浦海底遺跡

　那覇から西に約三〇キロメートル沖の洋上に、大小二〇余の島々からなる慶良間諸島があります。周辺海域には黒潮が流れ、珊瑚礁が豊かで、冬場にはホエールウォッチングのツアーが盛んな島々です。その一つである座間味島に、阿護の浦という港湾があります［図71］。琉球の進貢船が風待ちのために利用した港と考えられ、進貢船を繋留したと伝えられる「唐船小堀《とうせんグムイ》」と呼ばれる深場もあります。また「正保国絵図」に港として記載されており、「奉使琉球図巻」という王国時代の絵巻にも「阿護の浦」と見られる港で冊封使船が風待ちをしている様子が描かれています。さらに調査によって一五世紀頃の中国産陶磁器が確認されました。すでに地元の慶良間海洋文化館にも、阿護の浦で採集

図71　阿護の浦

されたといわれる同様の遺物が収められており、阿護の浦が古くから船の係留地として利用されてきた港湾であったことがわかります。

一方、この湾では地元でダイビング店を経営する宮平聖秀氏によって、数多くの沖縄産陶器も発見されています。多くは那覇の壺屋で作成された壺屋焼と考えられ、上焼（施釉陶器）の鉢・火入れ・双耳瓶や、荒焼（無釉陶器）の壺・瓶・鉢・水甕などが引き揚げられています［図72］。また厨子甕《ずしがめ》と呼ばれる蔵骨器などもありました。いずれも今から百年ほど前のものと推定でき、様々な種類の陶器が含まれていることから、那覇から離島へ商品を運ぶ途中で難破した船の積荷であると考えられています。阿護の浦が沖縄の域内流通を支える船にも利用された港であったことがわかります。

なお、現在収集されたこれらの壺屋焼は座間味村教育委員会によって大切に保管されています。

図72　阿護の浦海底の陶磁器

③沖縄島　那覇港

渡地村跡《わたんじむらあと》

さて中国の福州を出発した進貢船は久米島・慶良間諸島を経て、最終目的地である那覇港にたどり着きます。船が着くと、その積荷は港内で積み替えられ、沖縄各地へ運ばれていったと考えられます。その実態が、近年、沖縄県立埋蔵文化財センターや那覇市教育委員会が行った那覇港付近の渡地村跡の発掘調査によって明らかになりつつあります［図73］。実はこれまで那覇港の本格的な発掘調査は実施されていませんでした。那覇港は現在も重要な港として利用されており、様々な規制や制約があるためです。そもそも大規模な埋め立て工事によって在りし日の那覇港の姿を想像することは今ではなかなか難しいのですが、渡地村跡の発掘調査によって、かつての国際貿易港であった那覇港の「凄さ」が見えてきました。

図73　渡地村跡の発掘調査（沖縄県立埋蔵文化財センター提供）

渡地村は、現在は埋め立てられて陸地となっていますが、昔は那覇港内の小島で、橋によって本島と繋がっていました。本島と渡地村の間の狭い海域は「唐船小堀」と呼ばれ、王国時代にはここが進貢船を修理・格納する場所でした。発掘調査はこの唐船小堀の位置まで行われ、膨大な量の陶磁器が散布する状況が確認されました〔図74〕。この状況から考えると、おそらく那覇港の海底には今もおびただしい量の陶磁器が眠っていることでしょう。仕方のないこととは言え、思うように調査できないのが残念です。

なおこの発掘調査によって興味深い事実が明らかになりました。それは、渡地村跡から出土した陶磁器のほとんどが一四世紀後半以降のものだったということです。久米島の調査では、真謝港が一二世紀後半から一三世紀前半にはすでに利用されていた可能性が高いことがわかりましたが、那覇港の一部である渡地村跡からは今のところ一四世紀より以前に港として利用さ

図74　渡地村跡から出土した青磁
（沖縄県立埋蔵文化センター提供）

れていたことを示す遺物は見つかっていません。しかし沖縄各地のグスクや集落の発掘調査からは、一四世紀以前の陶磁器が島々の隅々の集落まで流通していることが明らかです。とすると、この頃の主要港は那覇ではない、どこか別の場所だったのかもしれません。この問題は今後私たちが取り組んでいかなくてはならない「大きな宿題」と言えます。

（二）グスク時代～琉球王国2　中国産陶磁器の流通と小型碇石が語るもの

（一）では、進貢船が中国の福建から久米島・慶良間諸島を経て那覇港に至るルートを中心とした沖縄の水中文化遺産を見てきました。進貢船の貿易品は那覇港で積み替えられ、沖縄の各地域・諸島、さらには日本などの外国へと運ばれて行きます。

ここでは那覇港から貿易品（主に陶磁器）が運搬されるルートを北方と南方に分けて、それぞれに関わる水中文化遺産を紹介していきます。

そこには多くの船が往来・停泊して貿易を行う港もあれば、海難事故によって沈没を余儀なくされた船もあったことでしょう。もちろん積荷が海中に廃棄されたり投棄されたりしたこともあったでしょう。沖縄各地に貿易品を運ぶ船は、進貢船よりは規模の小さい船だったかもしれません。港も那覇港や久米島の港とは異なり、より小さな河口や湾が主に利用されたことでしょう。

①大和への道～北方ルート～

本部半島・瀬底島間――瀬底島沖海底遺跡と小型碇石

那覇港から鹿児島へ向かって北へ航海する船は、つねに島影を見ながら進むことが可能です。これは「島伝い航行」といって、島影を確認しながら島から島へと航海する、原始的ながらも安全な航海方法です。沖縄の島唄として有名な「上り口説《ぬぶいくどぅち》」の一節に、那覇港から鹿児島までを島影を見ながら航海する様子が以下のように唄われています［図75］。

伊平屋渡《いひゃどぅ》立つ波押し添へて
道の島々見渡せば
七島渡中《しちとどぅ》も灘安く
燃ゆる煙や硫黄が島
佐多《さた》の岬に走い並で
あれに見ゆるは御開聞《かいもん》
富士に見まがふ桜島

（伊平屋島の沖に立つ波を押し添えて、奄美の島々を見渡せば、トカラ列島の航行中も灘は平穏で、燃える煙は硫黄が島、佐多の岬を併走すれば、そこに見えるのは開聞岳、さらに進めば富士山に見間違えるほど見事な桜島が見えてくる）

このように次々とあらわれる島影をたどる「大和旅」は、先に紹介した福建への「唐旅」に比べて、ずっと安心感のあるものだったのではないでしょうか。このルートの有名な寄港地の一つに、沖縄本島北部の本部半島と瀬底島の間の海域があります。ここは潮の流れは速いものの冬でも海が荒れにくい安全な海域で、昔から港として利用されていました。日本へ向かう船は、那覇港を出発後、この本部半島—瀬底島間に停泊しつつ北上したのです。

二〇〇四年、この港への頻繁な船の停泊を裏づけるような

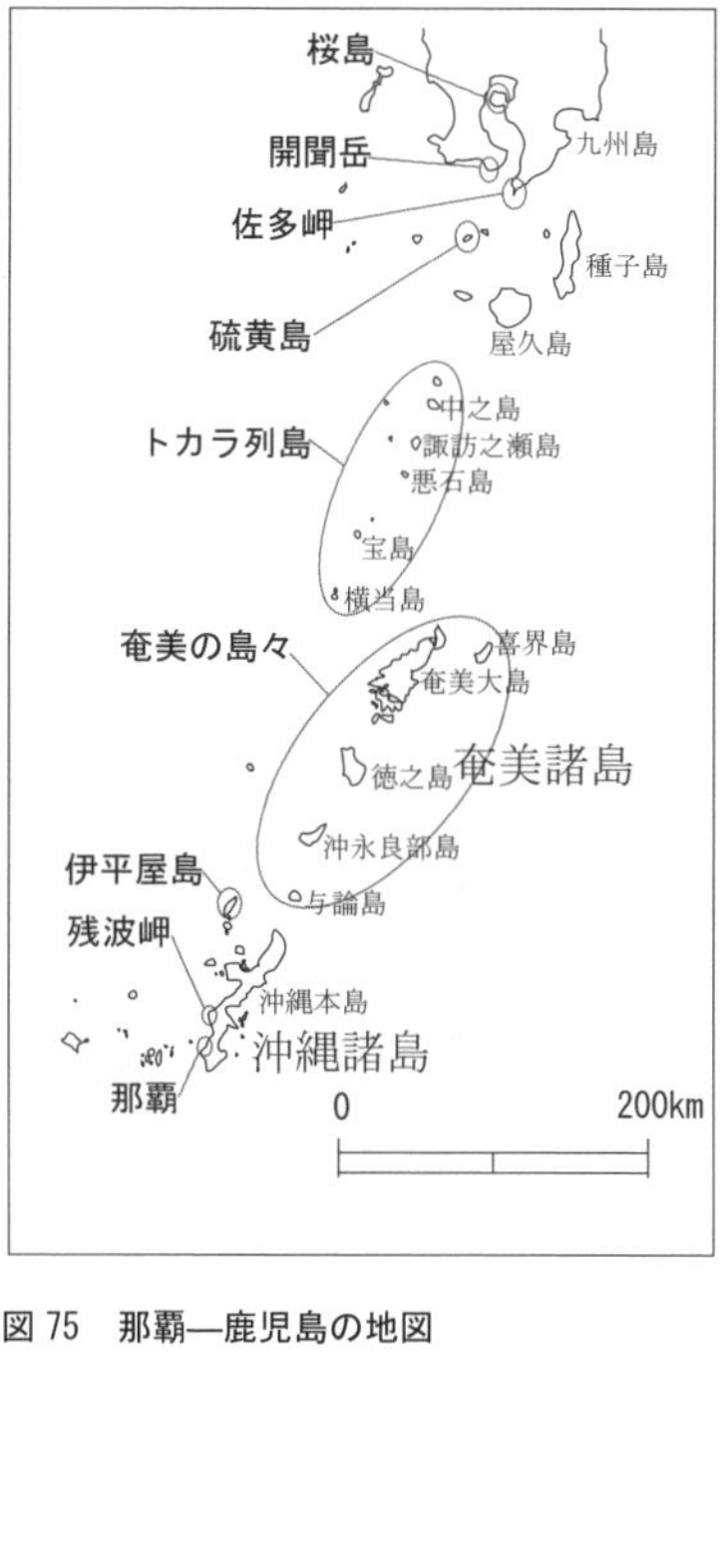

図 75　那覇—鹿児島の地図

水中文化遺産が、瀬底島東側の海底で発見されました。――全長約七六センチメートル、重量約二九キログラムの小型の碇石です［図76］。

この碇石は、二〇〇四～〇九年にかけて沖縄県立埋蔵文化財センターが沿岸部の水中文化遺産の分布調査を実施した際に発見され、水中で実測され――水中で遺物実測が行われた県内初の調査事例となりました――、その後、回収されました［図77］。

イカリの長さ・重さは船の規模と密接に関連しますので、瀬底島沖で発見された碇石は、二～三メートルの中国型碇石を装備した船よりも小型の船で使用されたと考えられます。しかし興味深いことに、この碇石の形状は中国型碇石によく似ているのです。中国型碇石は細長い長方形をしており、断面も方形です。最も厚みがある中央部は浅く広い窪みを持ち、そこから両先端部に向かうにつれて先細る傾向があります。瀬底島沖で回収された碇石も、中央部に広い窪みがある点、中央部から両先端部に向かって先細って

図76　瀬底島沖で発見された碇石（沖縄県立埋蔵文化センター提供）

図77　瀬底島沖の碇石調査：防水性の紙と、陸上で通常使用する鉛筆・消しゴムなどを使って発見状況の図を作成している（沖縄県立埋蔵文化財センター提供）

いるように見える点が似ています。見える、というのはこの碇石、実際は先細っていないのです。しかし方形の石の四隅端部の面取りによって先細っているように見せかけているのです。

　このことからこの小型碇石は、中国型碇石を模倣して作られたものと考えられます。そして実はこのような中国型碇石を模したと考えられる石が、糸満市やうるま市などでも見つかっているのです〔図78、79〕。これらは瀬底島の碇石と異なり、海底で発見されたわけではないので碇石かどうかを断定するためにはもう少し検討を重ねる必要がありますが、いずれの石も中央部に広い窪みを持ち加工されていることから碇石の可能性が高いと考えられます。

図 78　糸満市の遺物：瀬底島沖の碇石と同様に中央部に幅広の溝がある

図 79　うるま市の遺物：家の門付近に垂直に立てられ、半分だけが表出している。地面付近が中央部で、瀬底島沖・糸満市のものと同様の幅広の溝がある。文字が刻まれているが、現在の場所において転用する際に刻まれた可能性がある

ちなみに日本本土で確認されている和船の小型碇石はより長方形で、中央部に広い窪みを持ったり先端部が先細るように見えたりするものではありません。このことから中国型碇石とは違うけれども、よく似せて作られた小型碇石はおそらく琉球で製作された、つまりメイド・イン・琉球のイカリ（碇）ではないかと考えられます。そしてこれらの碇石が中国型を模倣しているということは、中国の大型外洋船を模倣した小型船が琉球で造られ、沖縄本島や周辺離島を往来していた可能性が高いということになります。

瀬底島や本部半島の陸上遺跡からは多量の中国産陶磁器が出土します。だからと言ってこれらの地域に中国の貿易船がやってきたとは限らない……ということはすでに述べました。実際この海域で発見された碇石は中国型碇石に似せて作られた小型のものであり、それは貿易品の国内流通のために使用された琉球船が装備していたと考えられるものです。

今後、港の調査を進め、さらに多くの碇石を確認することができれば、沖縄にもたらされた様々な地域の多量の貿易品が、どのように国内に流通したのかを、より具体的に明らかにすることができるでしょう。

なおこの瀬底島沖海底遺跡で発見された小型碇石は、沖縄県立博物館・美術館の考古部門展示室に展示されています。機会があればぜひご覧ください。

瀬底島沖海底遺跡ではそのほかにも、中国産陶磁器や沖縄産陶器など、様々な時代の陶磁器が確認されています。江戸時代の日本の銅銭である寛永通宝が詰まった壺が発見されたこともあります。また瀬底島南東側の海岸は「唐泊《とうどまり》」と呼ばれています。これらの遺物や地名は、この海域が港として頻繁に利用されてきたことを物語っており、本部半島を経由してさらに北を目指す小型船や、奄美諸島・鹿児島へと向かう大型の船が往来する姿を想像させてくれます。

伊江島――湧出《わじー》海岸陶磁器散布地点

瀬底島・本部半島のさらに北に伊江島があります。島の南側の海岸は白い砂浜ですが、北側は対照的に岩がちで深い海の沖に続いています。この北側の海岸に湧出と呼ばれる湧泉があり、その近くに伊江村教育委員会の調査により知られるようになった遺跡があります。岩礁の中に、まるで石のように陶磁器が珊瑚礁に取り込まれて分布している遺跡です。

これらの陶磁器は、中国の龍泉窯の青磁や景徳鎮窯《けいとくちんよう》（江西省）の染付や、産地不明の中国産褐釉陶器などで、その形や文様などから一六世紀前半頃の遺物と考えられています。これまで紹介してきた遺跡とは異なり、砂浜がない岩礁地帯に遺跡が形成されています。港として利用できる場所でもなく、なぜこのような場所にこうした遺跡が形成されたのかは謎ですが、陸地に集落等の関連遺跡が確認できないことから沈没船に関わる遺物ではないかと推測されています。

奄美大島――倉木崎海底遺跡

那覇港を出発し、瀬底島―本部半島間を経て、伊江島を通過し、さらに北へ向かうと奄美大島があります。その南の宇検村に倉木崎海底遺跡という遺跡があります［図80］。

この遺跡は、一九九四年に中山清美氏（前奄美博物館館長）らによって発見されました。翌年、宇検村教育委員会が調査を行った結果、水深二～三メートルの海底に陶磁器が多数分布していることが確認され、その後一九九六年から四年間、海底に沈む陶磁器の回収調査が実施されました。回収された陶磁器の数は約二三〇〇点にも及び、そのほとんどは中国の龍泉窯と同安窯で焼かれたものでした。そのほかにも中国産の天目碗・青白磁・褐釉陶器などが採集されています。

図80　倉木崎海底遺跡の調査風景
（林克彦編『倉木崎海底遺跡発掘調査報告書』宇検村教育委員会、1999年、巻頭図版3）

これらの遺物は一二世紀末頃から一三世紀前半頃のものと推定され、座礁による海難事故によって沈んだ船の積荷の一部と考えられています。

ではこの沈没船はどこからやってきて、どこに向かっていたのでしょうか。

これを特定することはなかなか難しいのですが、文献や陸上の遺跡調査によって、当時中国から大量の陶磁器が日本本土に運ばれていたことがわかっています。そして倉木崎海底遺跡からは、天目碗という日本で珍重され好まれた焼き物が見つかっています。このことから沈没船は中国を出航し、日本（おそらくは博多）に向かったものである可能性が考えられています。

ところで一二世紀末頃から一三世紀前半頃と言えば、琉球がまだ明との君臣関係を開始していない時期です。前述した久米島のナカノ浜海底遺跡でも、ほぼ同じ時期の中国産陶磁器が確認されており、やはり貿易船の海難事故によって形成されたと考えられています。また久米島の真謝港からも、一二世紀後半から一三世紀前半のものと見られる中国産陶磁器が見つかっており、やはりこの時期に何らかの貿易船が停泊した可能性があります。

もし倉木崎海底遺跡の沈没船が日本を目指していたならば、中国から久米島・那覇を経由して北上する船だったのかもしれません。

②先島への道～南方ルート～

宮古島——来間《くりま》島沖海底遺跡

沖縄本島と宮古島の間の海域は慶良間海裂と呼ばれています。慶良間諸島で一番高い山の上に登っても、南の島である宮古島は見えません。もちろん宮古島からも慶良間諸島や沖縄諸島を望むことはできません。つまり宮古島と本島の間（慶良間海裂）は、島影を見ながら航海する「島伝い航行」はできないのです。ただし宮古島までたどり着くことができれば、後は台湾を経て東南アジアの方面まで「島伝い航行」が可能です。

来間島はそんな宮古島の南西一・五キロメートルに位置する小さな美しい島で、現在は来間大橋で宮古島と結ばれています。この島の西側に長間浜と呼ばれる海岸があり、その沖の広大な海域には青花と呼ばれる白地に青で文様を描いた美しい中国産陶磁器が多量に散布しています［図81］。また量は少ないですが、褐釉《かつゆう》陶器と呼ばれる巨大な壺や青磁も見つかっています。時代は一六世紀前半頃、先に紹介した湧出海

図81　来間島沖海底遺跡：中央に青花と呼ばれる陶磁器が見えている
（沖縄県立埋蔵文化財センター提供）

岸陶磁器のやや後の時期あたりと推定できます。これは琉球王国の中央集権化を推し進めた強大な国王・尚真《しょうしん》の在位期間（一四七七〜一五二六年）とも重なっています。

この海域は巨大な珊瑚礁が海底に点在し、船にとっては非常に危険な暗礁地帯です。したがってこの遺跡は、やはり海難事故に遭い座礁を余儀なくされた船によって形成されたものと考えられます。ただし宮古島では碇に関する遺物が見つかっておらず、どのような船がこの海域を利用していたのか現時点ではわかりません。この沈没船がどこを出発してその積荷をどこに運ぼうとしていたのか、すべてが謎のまま、今も来間島の海底にその遺物は眠っています。

石垣島――名蔵《なぐら》シタダル海底遺跡

宮古島から多良間島を経てさらに南方に石垣島があります。その石垣島の北、名蔵湾の海岸部には名蔵シタダル海底遺跡があります。沖縄県内で最も多くの遺物が採集されていることで知られている海底遺跡です。名蔵湾は海流の穏やかな広い湾ですが、そうした場所に大量の陶磁器が散布しているというのは不思議なことです。一般的に海が荒れると、船は安全な海域に避難しますし、名蔵湾はまさに絶好の避難場所と考えられるからです。しかし湾の海底に残された多量の陶磁器は、ここで何か大きな海難事故が起こったことを雄弁に物語っています。あくまでも推測ですが、破壊力が抜群に強い台風などがこの湾を襲ったのかもしれません。

この遺跡が発見されたのは一九六〇年です。本章二の「沖縄における調査・研究の歩み」でも触れましたが、当時中学生だった大濵永亘氏の発見でした。現在、大濵氏は地元で先島文化研究所を主宰する考古学研究者です。彼は一九五九年、中学二年生の時に早稲田大学の八重山学術調査（団長・滝口宏教授）に体験参加し、これがきっかけで考古学に興味を持つようになりました。そしてその翌年六月頃、友人と名蔵湾シタダル浜で海水浴をしていた時に、たまたま海岸に陶磁器の破片が落ちていることに気がつき、「遺跡発見」と相成ったそうです。その後大濵氏が一帯をさらに歩いてみると、青磁・白磁の小皿や中国の古銭なども見つかりました。

こうして大濵氏が発見した遺跡からは、氏自身の手で、また氏の案内でやってきた多くの研究者の手で、様々な遺物が採集されました［図82］。大濵氏の採集した遺物についての報告書が近年刊行されましたが、それによれば一五世紀前半から半ば頃の陶磁器が約三五〇〇点が出土しているということです。

なお沖縄県立博物館・美術館にも、ジョージ・H・カー氏が採集したシタダル浜の陶磁器約一五〇〇点が収められています。

一五世紀中葉の沖縄本島は、三山鼎立時代が終わり、最

図82　名蔵シタダル海底遺跡から回収された遺物（大濵永亘氏宅にて）

終的に勝者となった中山（第一尚氏）が首里城を拠点に王国を整備していく段階にありました。石垣島を中心とする八重山地域では、首里王府を中心とする沖縄本島とはまた異なる独自の文化や社会が存在したと考えられています。シタダル遺跡は琉球王国が八重山を統治する以前の八重山の文化や社会を知る手がかりを与えてくれる貴重な遺跡です。

ここで簡単に（一）と（二）で紹介した遺跡についてまとめておきます。これらの遺跡で発見された陶磁器は、一二世紀から一六世紀のものです。この時代は沖縄本島でグスク（城）が築かれた時代に相当します。陸上の貴重な遺跡である各地のグスク——そのうちのいくつかは世界遺産にも登録されています——では、現在でも発掘調査が行われ、多くの陶磁器が出土しています。しかしグスクだけを調べていても、そのグスクまでどのように陶磁器が運ばれ、どのような人たちが貿易を行っていたのかということはなかなかわかりません。その実態を知るには、やはりここまで紹介してきたような水中文化遺産——海底から見つかった陶磁器やイカリ（碇）——と、実際にグスクから出土する陶磁器などの遺物の比較分析が不可欠です。陶磁器のたどった道、すなわち琉球王国時代の海上貿易の全容を解明するためには、陸上の遺跡だけでなく、水中の遺跡（水中文化遺産）の調査・研究にももっともっと力を注ぐ必要がある……そのことを強調した上で、次の（三）に進むことにしましょう。

(三) メイド・イン・琉球の近世・近代 ― 壷屋焼の国内流通 ―

さて琉球王国時代の後半期(=近世)に入ると、琉球でも陶器が盛んに生産されるようになり、一七世紀後半には王国の国策により那覇の壺屋が琉球随一の窯場となりました。ここで生産された陶器は、近世・近代を通じて船に積まれ、各地へと運ばれて消費されましたが、その途中で海難事故により座礁沈没した船もあったようです。(三)ではそうした沈没船に関わる遺跡を紹介していきます。今から約百~三百年ほど前までの水中文化遺産です。

石垣島①――屋良部《やらぶ》沖海底遺跡

石垣島の西岸、名蔵湾の北側に屋良部崎と呼ばれる岬があります。冬の北風に対して、波が穏やかになる海域です。私たちは、地元でダイビング店を経営する藤井成児氏から情報を得て、この屋良部沖の海底で調査を行い、壺屋で生産された複数の陶器の壺を確認しました。その中には発達のよい珊瑚礁に覆われて、よく見ないとそれが壺であることすらわからないようなものもありました[図83]。ちなみに通常、焼物は破片の状態で海底から見つかることが多いのですが、屋良部沖海底遺跡で発見された壺屋焼はまったく割れていませんでした。

さらにこの壺が密集している場所のまわりには、鉄製のイカリ(錨)が少なくとも七本ありました［図84］。このイカリは四つの爪を持つタイプで、「四爪鉄錨《よつづめてっぴょう》」と言います。鉄製のイカリが造られるようになった頃から、日本の和船で広く用いられてきたイカリです。日本本土では海底・陸上を問わず多数発見されており、また江戸時代の様々な絵図でも和船に装備されている様子を確認することができます。

なお沖縄ではこれまでこの四爪鉄錨は一本も確認されておらず、屋良部沖で私たちが確認したものが最初のケースです（だから見つけた時は本当に驚きました）。そしておもしろいことに、屋良部沖海底で発見したイカリはすべて異なる大きさでした。最大のものは全長約二・一メートル、それから数十センチ単位で小さくなり、最も小さいものが約一・二メートルです。

図83　屋良部沖海底遺跡に密集する沖縄産陶器（壺屋焼）の壺：数個体分の壺が完形の状態で密集している。多くは珊瑚礁に覆われており、壺と判断し難いものもある（沖縄県立埋蔵文化財センター提供）

そこで江戸時代の日本で活躍した北前船などについて調べて見ると、やはり和船は大小様々な四爪鉄錨を一隻に何本も積んでおり、状況によって使い分けていたようです。

まったく割れていないいくつもの壺屋焼や大きさが異なる複数の四爪鉄錨がある地点にま

とまって存在している……このことから屋良部沖海底の遺物は、船体こそ見当たらないものの、船の沈没によって形成された可能性が高いと考えられます。那覇港から壷屋焼の壷などを積んだ船が、八重山諸島に向かう途中で、座礁・沈没したのかもしれません。この船の規模や性質を知る鍵は、やはりイカリです。一九世紀に作成された「那覇港図屏風」には、四爪鉄錨が装備された薩摩船が描かれています〔図85〕。薩摩の商船は石垣島—那覇も往来していたので、屋良部沖の四爪鉄錨は薩摩船のものかもしれません。

　琉球の船はどうでしょうか。一八世紀後半の琉球事情を記した『大島筆記』という書物には、琉球の楷船（薩摩との往来のための公用船で進貢船を仕立て直して用いた）に装備されていた四爪鉄錨の絵が載っています。また浦添市美術館の所蔵する「琉球交易港図」には琉球の馬艦船《マーラン》が船首に二本の四爪鉄錨を装備する様子が描かれています。したがって屋良部沖の四爪鉄錨は琉球の進貢船・楷船・馬艦船である可能性もあります。積荷が

図84　屋良部沖海底遺跡に今も沈む鉄錨：海面に向かって二本の爪が伸び、残りの爪は珊瑚礁の岩と砂地の海底面に突き刺さっている

壺屋焼なので、薩摩船より琉球船のものと考えた方が自然かもしれません。さらに屋良部沖の鉄錨は一隻分とは限らず、複数の船が落としたものかもしれません。

今後、より多くの絵図や文献史料を精査して、イカリの研究を進める必要があります。それによって屋良部崎沖の沈没船の真の姿が見えてくるに違いないと私たちは楽しみにしています。

図85　和船の四爪鉄錨（「那覇港図屏風」部分　首里城公園蔵）

石垣島②——石西礁湖《せきせいしょうこ》海底遺跡群

石西礁湖は、八重山諸島の石垣島と西表島の間にある日本最大の珊瑚礁海域の通称です。この海域でも複数の沖縄産陶器が散布する遺跡が発見されています。

第一地点（竹富島沖）　まず竹富島東南の沖合で確認された海底遺跡を紹介します。ここは石垣市の海人《うみんちゅ》（漁師）・池田元氏から寄せられた情報がきっかけとなって、二〇〇九年に発見された遺跡です。陸地に地名があるように、海にも海人などによって付けられた名前があるのですが、この場所の名前はなんと「カーミワリ」。方言でカーミは甕、ワリは割れたという意味で、その名前の示す通りおびただしい数の「割れた甕（や壺・碗・皿など）」が広範囲に分散している干瀬なのです［図86］。その大半は沖縄産の壺屋焼です。また少量の中国産青花なども見つかっています。水深は約二〜三メートルで、船体は確認されていません。那覇港を出発した船が石垣島を経由し、竹富島やその先の八重山諸島の島々に積荷を運ぶ過程で海難事故に遭ったものと考えられます。干瀬で座礁し、船体を浮かせて脱出するために積荷の投棄を行ったのかもしれません。ちなみにここは潮の流れが非常に早く、かつ満潮・干潮によって潮流の方向が大きく変化するため、調査は本当にしんどいものでした。

図86　石西礁湖海底遺跡群第一地点：割れた香炉の脚部分が見える。獅子のような顔が浮き彫りにされている

石垣島③——第三地点（黒島・小浜島・竹富島中間海域）

さらに石垣島から竹富島を越え、小浜島・黒島・西表島のいずれかへ向かうルート上の海底

に、木造の沈没船が発見されました。石垣島の海人・上原正則氏からの情報提供によって確認された遺跡です。水深は約一七メートルで、船体の一部とみられる——明らかに加工されたものと考えられます——木材が砂の中から露出しており、その近くには擂鉢・碗・皿などの沖縄産陶器が積み重なるように密集しています。この状況から、沈没地点からあまり移動していない、比較的保存状態が良い木造船そのものが埋まっている可能性が高いと考えられます。陶器は沈没船の積荷と見られ、その特徴から近世末から近代の陶器と推定できます。

おそらくこの船は、琉球・沖縄の域内交通および流通に関わる船で、船体も一緒に沈んでいることから正真正銘の「沈没船遺跡」と考えられます。海底の砂から露出している船体と見られる木材は長さ六・五メートル程度で、遺物の分布も非常に狭い範囲内であることから、数名が乗船できる程度のごく小さな船、例えばサバニのような船なのかもしれません。

私たちは二〇一〇年に、この遺跡の測量調査を実施しました。図87は、調査によって図化された遺跡の埋没景観で、船体の部材の一部や陶器の散布や周辺岩礁の位置などを示したものです。精度の高い測量図ではありませんが、このように測量調査の結果を図化することで、遺跡の実態を客観的に把握することができるのです。なおこの沈没船の船体は、今も海底に埋もれています。まだ土砂を取り除くレベルでの調査は実施されていませんが、船体の大半が土砂の中に残っている可能性もあり、調査の進展が非常に待ち遠しい遺跡の一つです。

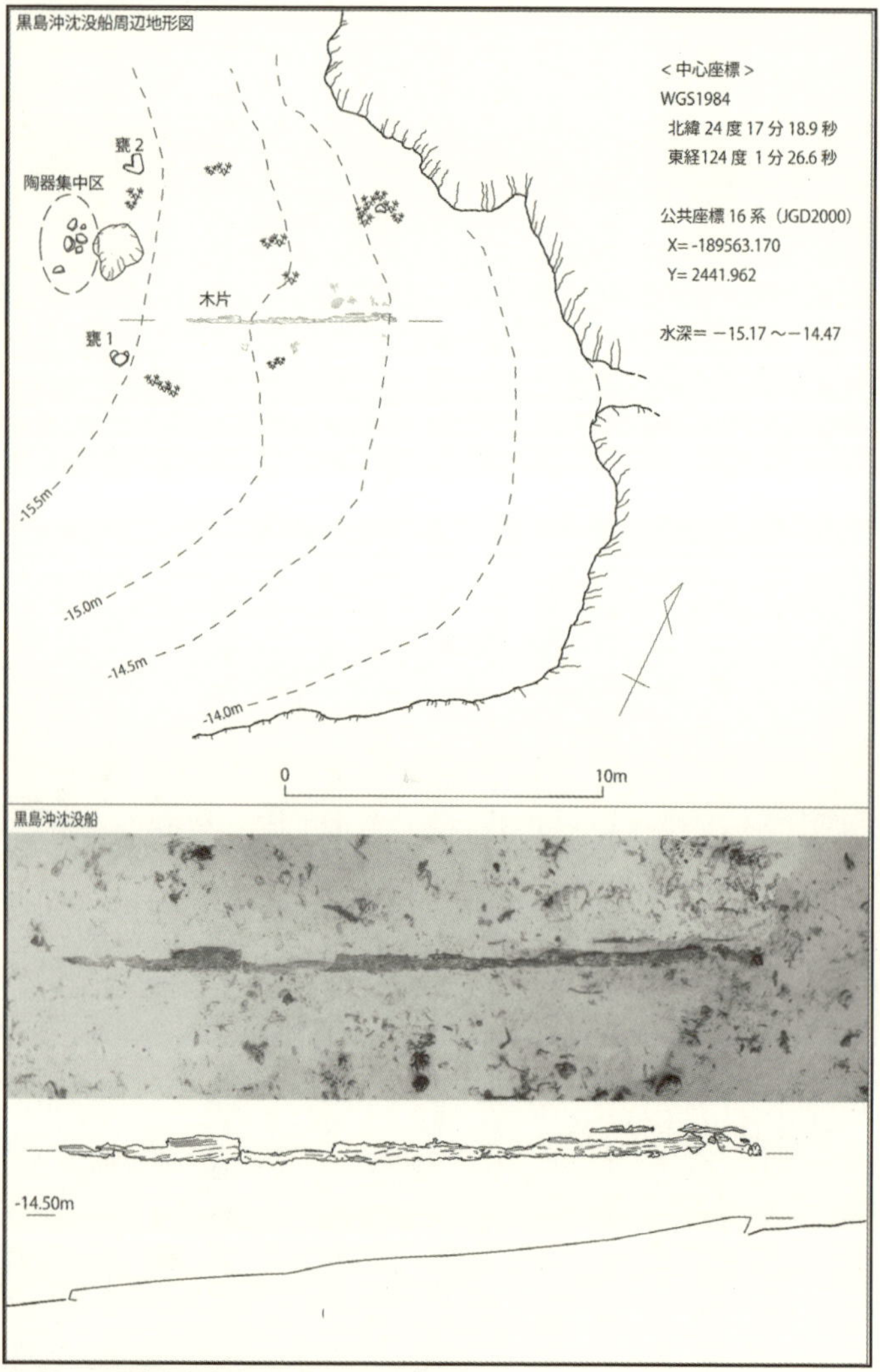

図 87　石西礁湖海底遺跡群第三地点の実測図

（四）琉球王国のたそがれ ―海に沈んだ異国船―

琉球王国の後半期（特に末期）になると、琉球近海に欧米船がたびたびやってくるようになります。欧米諸国の東アジア進出の波が琉球にまで影響を及ぼすようになったためです。第一章で取り上げたイギリス船ベナレス号や、かの有名なペリー艦隊など様々な欧米船が、寄港・通過したり遭難したりしました。

ここまでこの章では、王国の重要事業である進貢貿易の航路や那覇港を中心とした水中文化遺産を紹介してきました。国内各地に流通した中国陶磁器を運んだ船に関するもの、近世以降に那覇の壺屋で生産された陶器を積んだ船に関するもの、そしてこれらの船の寄港地（港）や海難事故に関するものなどです。また沖縄で確認された中国型碇石によって、中国の大型貿易船が久米島と沖縄本島の間を航行していた可能性があること、中国型碇石を模倣したと考えられる複数の小型碇石の存在よって、中国貿易船よりやや小型の琉球船が建造され琉球近海を航行していた可能性についても触れました。さらに沖縄産陶器を積み四爪鉄錨を装備した船の存在なども指摘しました。こうした遺跡や遺物はすべて交易・流通など海に関わる文化・社会的な活動に伴うもので、陸上の遺跡とも相互に関連づけて考えることができるものでした。

ところが琉球近海にやってきた欧米船の沈没に関する水中文化遺産は、交易・流通といった沖縄諸島の日常的な活動とはまったく異なるものです。欧米船は探検・食糧や薪水の補給・キリスト教の布教・通商の要請など様々な目的で琉球に来航し、あるいは単なる経由地として琉球近海を通過していきましたが、江戸幕府のいわゆる「鎖国」政策下にあった琉球は欧米船と平和的・日常的な文化・社会活動を展開するわけにはいきませんでした。彼らはいわば「招かざる客」であり、首里王府は彼らをできるだけ早く穏便に去らせようと、必死の努力を重ねていました。このため欧米船に関する水中文化遺産は、陸上の遺跡（＝琉球の人々の日常的な文化・社会活動の痕跡）とは関連が少ないものがほとんどです。

ここでは琉球王国の末期にあたる一八世紀後半から一九世紀にかけて、琉球近海で座礁・沈没した欧米船の沈没に関わる海底遺跡とその遺物を紹介します。すでに文献史料などから来航の経緯や沈没の事実についてよく知られている沈没船もありますが、遺跡を通じてしか知り得ないことも沢山あります。そうした点を中心に、「異国船」と関わりのある水中文化遺産を紹介していきます。

宮古島八重干瀬《やびじ》沖海底遺跡群――プロビデンス号（イギリス、一七九七年座礁・沈没）

一七九五年、イギリスのプロビデンス号という軍艦（四〇〇トン、三本マストの帆船）が、太平洋海域の探検調査のためにイギリスを出発しました。この船は一七九六年に千島と北海道を調査し、一度マカオに寄港した後、二回目の調査に出かけますが、その途中、翌九七年五月一七日に宮古島の北にある八重干瀬（やびじ・やえびし）という珊瑚礁の浅瀬で座礁してしまいます。

八重干瀬は、おおよそ一五〜二〇平方キロメートルで——沖縄本島で言うと中城村とか西原町、あるいは嘉手納町に匹敵する面積です——、一年に一度、潮の満ち引きが最も大きい旧暦の三月三日にその姿を海面にあらわします［図88］。このため俗に「幻の大陸」などとも呼ばれています。沖縄は当時の欧米人にとって未知の地ですし、喫水《きっすい》の深い大型船にとって珊瑚礁の浅瀬に囲まれた沖縄の島々はとりわけやっかいなしろものだったことでしょう。プロビデンス号も沖縄特有の海の事情を知らなかったために座礁してしまったと考えられます。

しかし幸いなことに乗組員一一二人は併走していた僚艦に乗り移り、その船で宮古島に寄港したところ、島民から薪水食糧の無償提供をはじめとする手厚い保護を受けることができました。その結果、事故から約一週間後の五月二三日、一行は無事にマカオに引き返しています。

なおプロビデンス号の航海については、艦長のブロートン（W. Robert Broughton）の著した『北太平洋探検航海記』（一八〇四年刊）があり、その詳細を知ることができます。

一九九六年、宮古島では「プロビヴィデンス号を語る会」（会長・仲間章郎氏）によって、プロビ

図88　八重干瀬（宮古農林水産振興センター提供）

デンス号の船体や遺品を探す海底調査が行われました。この時、水深一五メートルの海底から金属反応が確認されたそうです。しかし残念ながら船体は発見されず、この金属反応が果たしてプロビデンス号のものであるかどうかは、今のところ不明です。

なお八重干瀬に近い池間島の漁師らは、かつて八重干瀬から大砲を引き揚げ、その大砲はしばらくの間、港に置いてあったと言われています。また銀食器なども海底から引き揚げられたことがあるとされていますが、いずれも現存していないため実際のところはよくわかりません。

一方、プロビデンス号の遺物として伝えられているものに方形の鉄製品（池間島農村改善センター）があります［図89］。そこには、素直に見れば「矢印（↓）」のような、想像をたくましくすれば「西洋船のイカリ（錨）」のようなマークが刻印されており、イギリス海軍のシンボルの「錨」（注17）である可能性が指摘されています。

二〇〇八年、沖縄県立埋蔵文化財センターは、この八重干瀬沖で潜水調査を実施しました。その結果、この八重干瀬海域には複数の時代の異なる遺物が散在していることが確認されました。このあたりで過去に何度も海難事故が発生したことを示すものと考えられ、これらの遺跡は「八重干瀬海底遺跡群」と名づけられました。

現在第一地点から第三地点まで確認されており、第一地点は異国船に関する遺跡、第二・三地点は那覇市壺屋で生産された沖縄産陶器が集中していることから馬艦船などによる壺屋焼の流通に関する遺跡と考えられます。そしてこのうちの第一地点の遺跡が、プロビデンス号のものである可能性が浮上してきました。潜水調査の結果、第一地点では、中国産陶磁器・ヨーロッパ製ガラス瓶・ビーズといった積荷、船体の残骸と見られる真鍮や方形の鉄製品が確認されたのですが、なんとこの方形の鉄製品は、池間島農村改善センターで保管されているプロビデンス号のものとされる方形鉄製品とまったく同じものだったのです。さらにセンターの鉄製品に刻まれているマークと同じものが、海底から見つかった真鍮製の金具にも刻まれていました［図89］。

もしこれが真にプロビデンス号の遺物であれば、これまで不明であった座礁地点を特定する有力な手がかりを得たことになります。ただし船体の残骸と見られる遺物は、台風などの強力な波の力によって現在ではかなり広範囲の、さらに深い海底にまで散布していることがわかりました。遺物が座礁地点からどんどん広がっていると考えられ、座礁地点の特定にはさらなる調査を続ける必要があります。

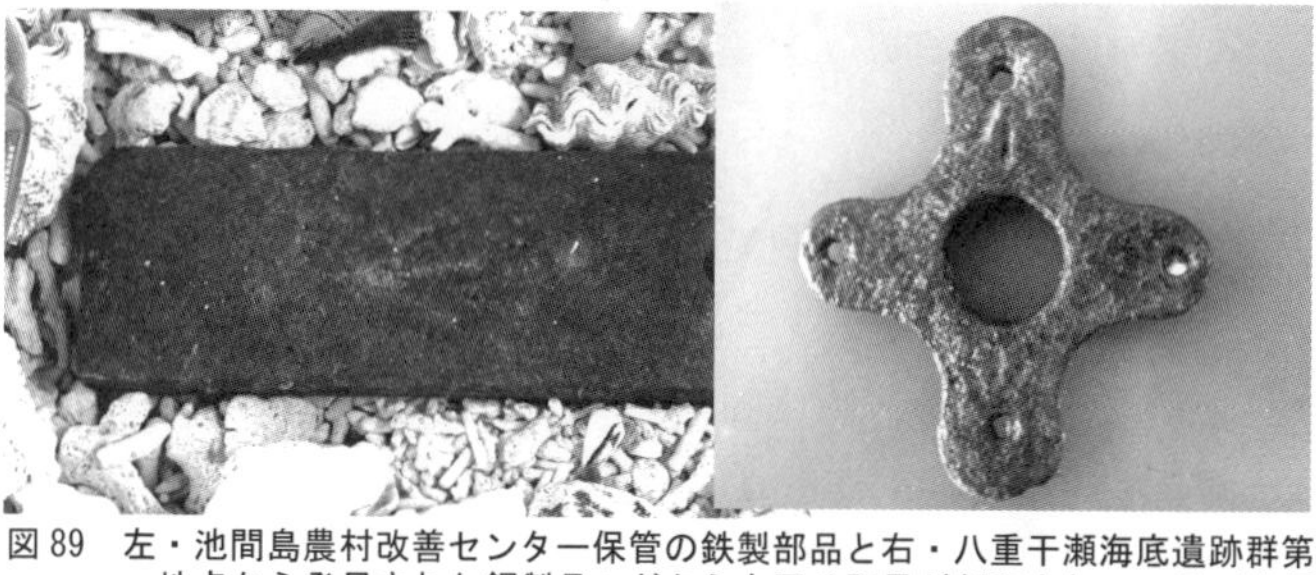

図89　左・池間島農村改善センター保管の鉄製部品と右・八重干瀬海底遺跡群第一地点から発見された銅製品：どちらも同じ記号が刻印されている（沖縄県立埋蔵文化財センター提供）

沖縄島北谷沖――インディアン・オーク号（イギリス、一八四〇年座礁・沈没）

一八四〇年八月一四日、イギリス艦隊所属の輸送船インディアン・オーク号が北谷沖で珊瑚礁に乗り上げ座礁しました。一八四〇年は、中国（清朝）とイギリスの武力衝突であるアヘン戦争が勃発した年ですが、オーク号はこの戦争に参加した際、移動中に台風に遭い、琉球へ漂流してしまったのです。先述した通り、琉球王国は中国と君臣関係を結んでおり、しかもこの時イギリスが中国と敵対していることを知っていました。こうした状況下で発生したオーク号の海難事故は、琉球に難しい舵取りを迫るものでしたが、結局、首里王府は遭難者を救助し、平穏に退去させる道を選びました。記録によれば、乗組員六七名は琉球側の救助活動によって全員保護され、四六日間にわたって手厚い世話を受けた後、彼らを迎えに来たイギリス艦と首里王府が建造したジャンク船に分乗して中国へ戻っています。

一九八四年、北谷町教育委員会が主体となり、多くの地元ダイバーの協力を得て、このオーク号の座礁地

図 90　インディアン・オーク号をモチーフにした遊具

点に対する本格的な海底調査が実施されました。その結果、中国産陶磁器・ヨーロッパ製ワイン瓶・ヨーロッパ産陶器・船体の一部（銅板や銅釘）などが回収されています。また半径百メートルほどの範囲の海底に、人の頭くらいの大きさの黒褐色の円礫《えんれき》が無数に散乱しているのが確認されました。これは船体を安定させるためのバラスト（おもり）と推定されています。それらは今も海底に残されています。現在遺物は北谷町教育委員会で展示されており、また北谷町の安良波《あらは》公園にはインディアン・オーク号をモチーフにした遊具が設置されています［図90］。

宮古島市――吉野海岸沖海底遺跡（イギリス、一八五三年座礁・沈没？）

宮古島市城辺《ぐすくべ》の吉野海岸は美しい海を利用したシュノーケルのメッカとして有名です。その沖合の発達したリーフ周辺の海底から、おびただしい量の方形石製品が確認されました［図91］。花崗岩で、三メートルを超す棒状の大きいものもあれば、平らな板状の小さいものもあります。リーフ際の外海に特に集中して散布しており、一部はリーフ内のラグーンや海岸にも確認できます。ものによっては発達した珊瑚礁に取り込まれており、人工品と美しい珊瑚礁、それに集まる熱帯魚が組み合わされた独特の景観を形成しています。また海岸から回収され、付近の集落に持ち込まれている石製品もあります。

そのほか異国船に関する遺跡によく見られるような銅板が確認されており、木造の船体に貼り付けられていたものと推測できます。

これらの遺物やその状態から、この遺跡もやはり座礁・沈没した異国船に関するものと考えられます。リーフ際の外海に巨大で重量のある方形石製品が密集して確認できるので、船はおそらくそこで座礁したのでしょう。リーフ内や海岸の石製品は、台風などによる強い波で徐々にもとの位置から移動し、ついにはラグーン、そして海岸に漂着したものと考えられます。そしてさらにその一部が発見した人々によって集落に持ち込まれたのでしょう。

ところでこの遺跡には未解決の大きな謎がありま す。ほかの海域で確認された異国船に関する遺跡では、必ず中国産陶磁器やヨーロッパ製品といった積荷が見つかっているのですが、吉野海岸沖では多量の方形石製品とわずかな銅板が見られるのみで、それ以外の積荷がまったく確認されていないのです。これはとても不思議なことです。何か見つからないかと何度か潜水調査を実施したのですが、見つかるのは巨大な方形石製品ばかりでした。船がここで座礁・沈没したとして、その積荷の破片すら残らないということがあるのでしょうか。

図 91　大型で棒状の方形花崗岩石材（沖縄県立埋蔵文化財センター提供）

考えられるのは、リーフに座礁した船体を浮かせるため、バラストとしての役割も持っていた方形石製品を海中に投棄し、船は沈没を免れたという可能性です。これが事実とすれば、三メートルを超す巨大な石製品の海中投棄は途方もない労力が必要だったことでしょう。一方で、吉野海岸を含む城辺北側の海域には一八五三年にイギリス船が座礁・沈没したという記録があり、吉野海岸沖海遺跡がこの事例に該当する可能性もあります。しかしその場合、船が沈没したのになぜ積荷が見つからないのかという謎はそのまま残されることになります。

ところで方形石製品と言えば、第一章で紹介したイギリス船ベナレス号にも積載されていました。それらの石材もやはり花崗岩で、三メートルを超えるサイズのものも含まれています。南西諸島の周辺海域を航行していた異国船の中には、花崗岩の巨大な方形石製品を積載している船が多数あったのかもしれません。ベナレス号は中国からサンフランシスコに向かう船でしたが、もし当時のアメリカに方形花崗岩石製品の需要があったとすれば、吉野海岸沖の異国船も同じようにアメリカを目指していた可能性があります。

多良間島高田海岸沖——ファン・ボッセ号（オランダ、一八五七年座礁・沈没）

宮古島と石垣島の中間に位置する多良間島の高田海岸は、オランダ商船ファン・ボッセ号の遭難の地として知られています。ここは「高田海岸、オランダ商船遭難の地」として、一九八三年に村の史跡（記念物）に指定されました。南西諸島で唯一、史跡となっている海難事故の歴史を伝える水中文化遺産です。遺物としては、多良間村ふるさと民俗学習館に、高田海岸から採集された中国陶磁器や、「アムステルダム（AMSTERDAM）」と刻印されたヨーロッパ産陶器瓶などが展示されています〔図92〕。また村立図書館にはファン・ボッセ号のものと伝えられる西洋型鉄錨が保管され、「オランダ錨」と呼ばれています〔図93〕。

ファン・ボッセ号に関しては、長い間、船名すら不明でした。しかし近年オランダ在住の考古学者・金田明美氏によってオランダ側の文献記録が発掘され、事故の詳細や顛末が明らかになりました。金田氏によれば、この船は一八五四年にドイツで造船され、上海からシンガポールへ向かう途中、嵐にあって漂流し、一八五七年に多良間島高田海岸沖で座礁・沈没したようです。船はボンケ社所有の

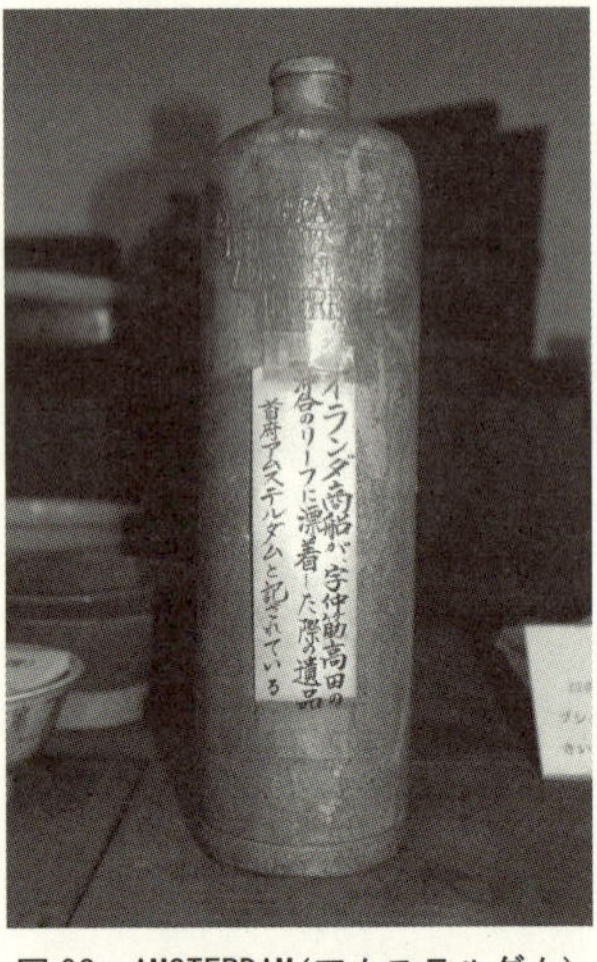

図92　AMSTERDAM（アムステルダム）と刻印された陶器瓶（多良間村教育委員会蔵）

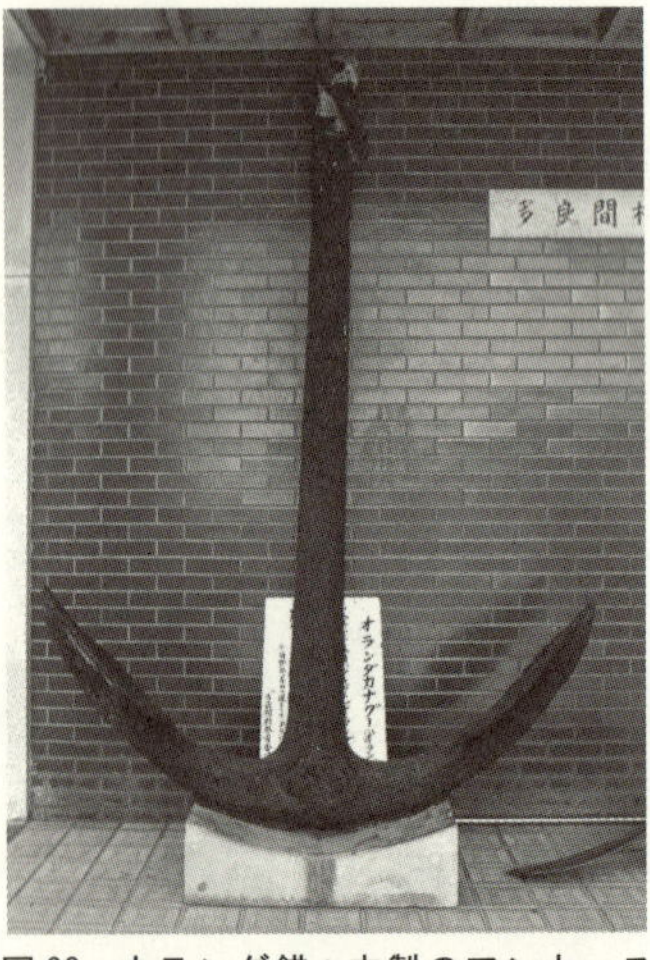

図93　オランダ錨：木製のアンカーストックが装着されるタイプの西洋鉄錨　（多良間村教育委員会蔵）

バーク船で、船長はハーゲマンという人でした。

こうした情報をもとに私たちは二〇〇八年に高田海岸沖の海底調査に挑みました。その結果、ファン・ボッセ号の座礁・沈没に関するとみられる証拠を、私たち自身の目で確認することができました。船の遺物は多数の中国陶磁器・金属製品・船体の残骸などで、珊瑚礁の外側（外洋）から内側（ラグーン）、そして海岸にかけての広大な海域に散布していました。この海域は、もともと地元でダイビングポイントとして利用されており、調査も地元ダイバーと共同で行われました。こうした経緯もあり、現在この海域は「オランダ船」というポイント名が付けられ、遺跡はダイバーたちによって静かに守られています。

最後にファン・ボッセ号のものと伝わる西洋型鉄錨について触れておきましょう。

江戸時代に日本の和船に装備されていた四爪鉄錨は、文字通り爪が四つあるもので、錨がどの方向に倒れても爪が海底を噛むような構造になっています。一方、写真からわかるように西洋型鉄錨はまるで形が違っていて、爪が二本しかありません。しかしこれで大丈夫なのです。代わりにアンカーストックという重りが装備されていて、二本の爪の片方が確実に海底を噛むようにできているからです。

南西諸島では、このような西洋型鉄錨として、宜名真沖で座礁・沈没したイギリス船ベナレス号（第一章参照）と、このファン・ボッセ号のものの計二点が確認されており、貴重な資料となっています。またファン・ボッセ号が使用していた西洋型鉄錨は、その形態から木製のアンカーストックが装着されるタイプのもので、静岡県宮島村（現・富士市）沖の海で沈没したロシア軍艦ディアナ号——一八五四年に日露和親条約締結のために来日したプチャーチンの乗艦——が使用していた鉄錨と同じタイプです。

このようにイカリの構造によって「どこの国のどんな船か」がある程度わかるのです。

国頭村——宜名真沖海底遺跡（イギリス、一八七二年座礁・沈没）

この沈没船についてはすでにこの本の第一章で詳しく紹介しましたが、一八七二年に沖縄北部の国頭村宜名真沖で座礁・沈没したイギリス船の事例です。「オランダ墓」と呼ばれる史跡や西洋型鉄錨など豊富な陸上遺物があり、また二〇〇三年以降、私たちが実施してきた海底調査によって水中にも船体の一部や積荷とみられる遺物が確認されています。

宮古島宮国沖——ロベルトソン号（ドイツ、一八七三年座礁・沈没）

一八七三年七月三日、ドイツ商船ロベルトソン号（R.J.Robertson）が、台風により宮古島宮国沖の岩礁に乗り上げ難破しました。中国の福州から茶などを積んでオーストラリアのアデレードに向かう航海の途中でした。宮古の人々によって船長以下八名の乗組員が救助され、彼らは三四日にわたる手厚い世話を受けた後、琉球側の用意した船で中国に戻りました。そのことを知った当時のドイツ皇帝ウィルヘルム一世（Wilhelm I）は、宮古の人々に感謝を示すため、軍艦チクロープ号を派遣して宮古島に事件の経緯を記した記念碑（「ドイツ皇帝博愛記念碑」）を建てさせました。碑には漢文とドイツ語で感謝の言葉が刻まれており、現在も市街地にあって県指定の史跡として当時のままの姿を伝えています［図94］。なお宮古島市上野の野原公民館には、ロベルトソン号の座礁地点から回収されたと伝えられる鉄の塊が保管されていました。しかし二〇〇八年の北京オリンピック前の金属価格の高騰の際に、この鉄製遺物は何者かの手によって盗まれてしまいました。大変貴重な遺物であっただけに残念でなりません。

図94　ドイツ皇帝博愛記念碑

このロベルトソン号の座礁地点では、かつて地元ダイバーが中心となって大がかりな探査が行われました。約二週間かけ広範囲にわたる調査が実施されましたが、沈没した船体は発見されませんでした。しかし船が沈没したことは事実ですし、これまでの私たちの調査経験から言っても、その痕跡が海底から完全に消し去られることはまずないと考えられます。今後も潜水調査を繰り返せば、いずれロベルトソン号の船体や遺物も発見されるに違いありません。

うるま市――南浮原島《みなみうきばる》沖海底遺跡（船籍不明、一八七六年?・座礁・沈没）

本島中部のうるま市勝連半島の沖合に南浮原島という小さな無人島があります。この南浮原島の海底約一七メートルに、欧米船とみられる沈没船の遺跡があります。以前、外国人ダイバーが遺物の一部を引き揚げて旧・沖縄県立博物館に持ち込んだことがありますが、私たちはダイバーの新田勝也氏から情報提供を受け、うるま市でダイビング店を経営する玉栄将幸氏とともに潜水調査を行いました。その結果、海底には船体の残骸（船釘が刺さった状態の木造船体や金属部品、船のバラストとして使用された円礫など）、中国産陶磁器、ヨーロッパ産ガラス製品、レンガ、ミニエー銃の弾丸［図95］、獣骨といった多種多様な積荷が確認されました。

図 95　南浮原島沖海底遺跡

　これまで多くの異国船の沈没に関する遺跡の調査を実施してきましたが、海底に木造船体が明らかに残されているとわかった遺跡はこの南浮原島沖海底遺跡だけであり、重要な遺跡であると考えられます。

　なお確認された弾丸は、近世より以前の陸上の遺跡からは決して出土することのない、近世末期から近代の西洋式武器の資料です。当時、琉球近海を航行していた欧米船はこのような武器を携えていたのかと思うと、琉球に迫っていた不穏な時代の空気がいっそうリアルに感じられます。

　なお『平敷屋字誌』（一九九八年、平敷屋区自治会刊）には、一八七六（明治九）年に浮原島の東端のシシ（南浮原島の地元での呼称）に外国船が乗り上げたと記載されており、この沈没船に相当する可能性があります。今後、海底・文献記録の両面から調査を進めていく必要があります。

注17　正確にはイギリス海軍の帽章のデザイン。錨を葉で囲み、上に王冠を配したもので、世界各地の海軍・沿岸警備隊などの帽章に影響を与えた。

◆コラム7　対馬丸とエモンズ　―戦争遺跡の沈没船―

近年、沖縄県内では近代遺跡の調査が進められ、興味深い史実が次々と明らかにされつつあります。特に「戦争遺跡」と呼ばれる沖縄戦（一九四五年）の遺跡は、過去の過ちを忘れないための「負の遺産」として重視され、各地域で保全の取り組みがなされています。こうした近代遺跡は、海底にも沈没船などの形で数多く存在するものと考えられますが、時代が新しいせいかまだあまり注目されておらず研究も盛んではありません。それでも戦争遺跡については数例の沈没船遺跡が確認されています。ここではそのうちの二つを紹介します（ただしいずれも考古学の対象としての水中文化遺産の調査によって発見されたものではありません）。

一つは、一九四四年に疎開学童ら一七八八名を乗せて長崎を出航し、鹿児島県トカラ列島の悪石島付近を航行中に米潜水艦の魚雷により撃沈された対馬丸の遺跡です。その沈没船体は長い間不明となっていましたが、一九九七年に沖縄開発庁の要請により、

図96　USSエモンズ

科学技術庁（海洋科学技術センター）が厚生省などの協力を得て実施した調査の結果、悪石島北西沖約一〇キロ地点（北緯二九度三一・九三分、東経一二九度三一・九〇分、水深約八七〇メートル）において、船首部に「対馬丸」と書かれた船体が確認されました（注18）。

もう一つは、一九四五年四月一日に伊江島沖で五基の特攻機突入により大破・漂流し、同月七日に古宇利島沖で沈没した米海軍のUSSエモンズ（Emmons）の遺跡です［図96］。古宇利島沖の水深約四〇メートルの地点にあり、二〇〇〇年に第一一管区海上保安本部の調査により発見され、その後ダイバーによりエモンズと確認されました。駆逐艦として就役し高速掃海艇として改装された船で、総トン数二〇五〇トン、全長一〇六・二メートル、全幅一一・〇メートルと巨大な船です。現在ではダイビングポイントとして複数のダイビングショップがダイバーの案内を行っています。

（宮城弘樹）

注18　海洋開発研究機構　http://www.jamstec.go.jp/jamstec-j/TSM/

第四章

水中調査入門

片桐千亜紀

一　南西諸島水中文化遺産研究会とは

二〇〇三年三月二九日、国頭村宜名真で私たちは記念すべき第一回目の水中調査を実施しました（第一章一（三）参照）。初めてということでかなり簡易なシュノーケルによる目視調査（遺物の有無を目で確認する調査）だったのですが、結果的に、後に様々な研究成果に結びつくことになる遺跡の発見という幸運に恵まれました。なんと水中に潜ったその場所で中国産陶磁器などの遺物が見つかったのです！　これが、私たちが沖縄で初めて「本物の水中文化遺産」を目にした瞬間となりました。

その後、この時の調査メンバーを中心に水中文化遺産に興味を持つ若手考古学者が適宜集まっては細々と調査や研究会を繰り返し、二〇〇八年にこの集まりを「南西諸島水中文化遺産研究会」と名づけ、翌二〇〇九年から正式にこの名称を使うようになりました。地味でゆるやかな集まりではありますが、少しずつ水中調査の経験を重ね、当初は考古学者だけだったメンバーに徐々に歴史学（文献史学）や民俗学などの研究者も加わるなど、ゆっくりと成長して今に至ります。この第四章では、これまで私たちがどのように試行錯誤し、また四苦八苦しながら水中文化遺産の調査を行ってきたのかを、調査行程に沿って紹介していきます。

二　事前調査

水中文化遺産を調査するといっても初めから海に潜るわけではありません。潜る前に様々な事前調査が必要です。私たちの場合は南西諸島全域の悉皆《しっかい》調査（全数調査）から始めることにしました。悉皆調査とは簡単に言うと、どのあたりに水中文化遺産がありそうか、どんな遺物が出てきそうか、といった情報（ヒント）をひたすら集める「総当たり作戦」です。海に潜るには時間も労力も費用もかかります。少しでも負担を軽減するためには、とにかくできるだけ多くのヒントを集めて、なるべく効率よく潜る必要があるのです。

文献調査

私たちがまず向かったのは海でなく図書館（または自宅や勤務先の本棚）でした。そこで様々な書物をめくっては船の沈没・座礁・漂着、港、海岸部の生産遺跡（石切場・魚垣・塩田）など水中文化遺産に関わる情報をせっせと集めようとしたのです。

ところが着手してみてわかったのですが、これがなかなか難しい作業でした。船の漂着に関する記録は予想以上に膨大で、しかもその情報が意外にも水中考古学的には「使えなかった」

からです。例えば琉球王国時代の古文書には頻繁に「漂着」という言葉が出てきます。しかしそれが、船は全く問題ないまま海岸に流れ着いてきたことを指すのか、船は破損したものの沈没はまぬがれて漂着したのか、あるいは漂着して沈没したという意味なのか……といった詳細はよくわからないことが多いのです。

そのあたりを調べるためには、かなりの時間と手間を掛けて古文書を調査し、解読する必要が生じてきます。そうなると考古学のメンバーにはもうお手上げ状態で、当初は本棚の前で途方に暮れることもしばしばでした。今でこそ歴史学（文献史学）のメンバーも加わり、多少のコツも身につけ、状況は大分改善されましたが……。

アンケート調査と聞き取り調査

それでもこの大変な文献調査にどうにかこうにか目途をつけ、私たちは事前調査の第二段階に進みました。まず沖縄県内各自治体（市町村）の文化財担当者・ダイビング店の経営者・ダイバー・海人《うみんちゅ》（漁師）といった海や文化財に関わる方々に、水中文化遺産に関する何らかの情報の有無をアンケート形式で問い合わせます。そして集まった情報をもとに、今度は聞き取り調査（インタビュー調査）を行い、より詳しい情報を入手しました。結果的に私たちが後に確認することができた水中文化遺産の大半は、聞き取り調査で得た情報にもとづくものでした。つまり事前調査として最も成果に結びついたのは聞き取り調査だったと言えます。

水中文化遺産は、ただ闇雲に潜っただけではまず見つかりません。私たちはこれまでの調査経験からこのことを痛いほど学びました。実際、私たちが「発見」した遺跡は、ほぼすべて事前調査の成果に導かれてたどり着いたものです。「発見」と書きましたが、実際は多くの場合、誰かがすでに認識していた遺跡を、その方のご好意（アンケートや聞き取りによる情報提供）によって私たちが「確認」し、その遺跡の考古学的知見や歴史的位置づけを明らかにして、遺跡・遺物に学術的な評価を与えたというだけに過ぎません。

時には宜名真沖海底遺跡のように、文献記録と伝承にもとづいて大体の座礁地点を推定し、潜ってみたら運良く発見することができたというケースや、昔の絵図などを頼りに港として利用された場所を徹底的に調査することで見つかった遺跡もあります。ただ文献記録や伝承から得られる座礁・沈没地点の情報は、例えば「那覇港で座礁」、あるいは「名護の沖で沈没」といった具合に、聞き取りなどに比べると漠然とした内容であることがほとんどで、少々潜ったくらいでは遺跡の発見には至らないことが多いのです。なにしろ陸上と違って海底は見通しが効きません。南西諸島のように日本有数の透明度を誇る美しい海であっても、やはり陸地のようにはいかないのです。

三　現地調査

（一）陸上踏査

事前調査が終了したら、いよいよ現地調査です。とはいえまだまだ潜りません。まずは記録・伝承・聞き取りなどから得た情報にもとづいて、その地域や海岸の「踏査」を行います。記録や伝承では遺跡の正確な位置まではわからないことが多いのですが、もし港として頻繁に利用されていた海岸であれば遺物が散らばっている可能性が高く、また近くの海底に遺跡がある場合は波の影響によって遺物が海岸に漂着することがあります。そこでこうした手がかりを現場で探す作業として、踏査が重要となってくるのです。

通常――世界的に見ても――、考古学者が自ら掘り当てることの多い陸上の遺跡とは異なり、水中文化遺産の「発見」はほとんどが漁師やダイバーからの情報によるものです。陸・海では視界環境が大きく違い、また機会の面でも人材の面でも海底にアクセスできる考古学者は陸上に比べて圧倒的に少ないからです。

しかし陸上（海岸）踏査を徹底的に行うことで、考古学者自身が遺物の漂着を確認し、その結果、沈没船など海底の水中文化遺産を発見できることもあります。私たちも実際に踏査を繰り返してみて、発見の第一歩は踏査から始まると言っても過言ではないと改めて実感しました。次はそんな実感を得た私たちの調査経験を一つ紹介します。

陸上踏査日誌（来間島沖海底遺跡）

沖縄の海岸踏査に最適なのは一番潮が引く夏の干潮時——時間帯的には正午前後——です。二〇〇七年一〇月一五日、本書執筆者の一人片桐は研究会メンバーの比嘉尚輝・山田浩久と、炎天下の中、宮古島市来間島の海岸を歩いていました。来間島は宮古島と橋で繋がっている離島です。目の前には白い砂浜と透き通った海が広がっていました。その浜辺で私たちはひたすら足下に目をこらし、陶磁器などが落ちていないかを探しまくるという踏査を実施していたのです。大の男三人が長時間ビーチをとぼとぼ歩き続ける……本人たちは大まじめだったのですが、はたから見たらかなり怪しい光景だったかもしれません。

これまで、宮古島内の様々な海岸で踏査を続けてきましたが、歩いても歩いてもほとんど成果のない状態でした。さすがの三人も大分疲労を感じていましたが、そんな時、来間島の美しい白浜の上に、白地に鮮やかな青で文様が描かれた陶磁器の破片が目に飛び込んできました〔図97〕。

すぐに拾いたい衝動をこらえて、まずは写真を撮ります。遺跡は現状を記録する必要があるからです。それから早速手に取って観察してみました。明らかに中国の景徳鎮で焼かれた青花です。一六世紀前半、明の時代の後半期のものと考えられます。

思いがけない遺物の出現に私たちは一気に元気になりました。さらに歩き続けると、なんとその一帯にはまだまだ陶磁器が点々と落ちています。しかもすべて一六世紀前半の青花です。一隻の沈没船の積荷が近くの海岸に打ち上げられる場合には、同じ時期の、同じ形をした商品でまとまっているものです。ということは、この近くの海底に沈没船があるのかもしれません。

はやる気持ちを抑えて、私たちはまず宮古島市教育委員会が刊行している遺跡地図を広げてみました。もし近くに集落遺跡があれば、その生活や交易の遺物として海岸に陶磁器が落ちているのは良くあることだからです。恐る恐る地図を見ると、

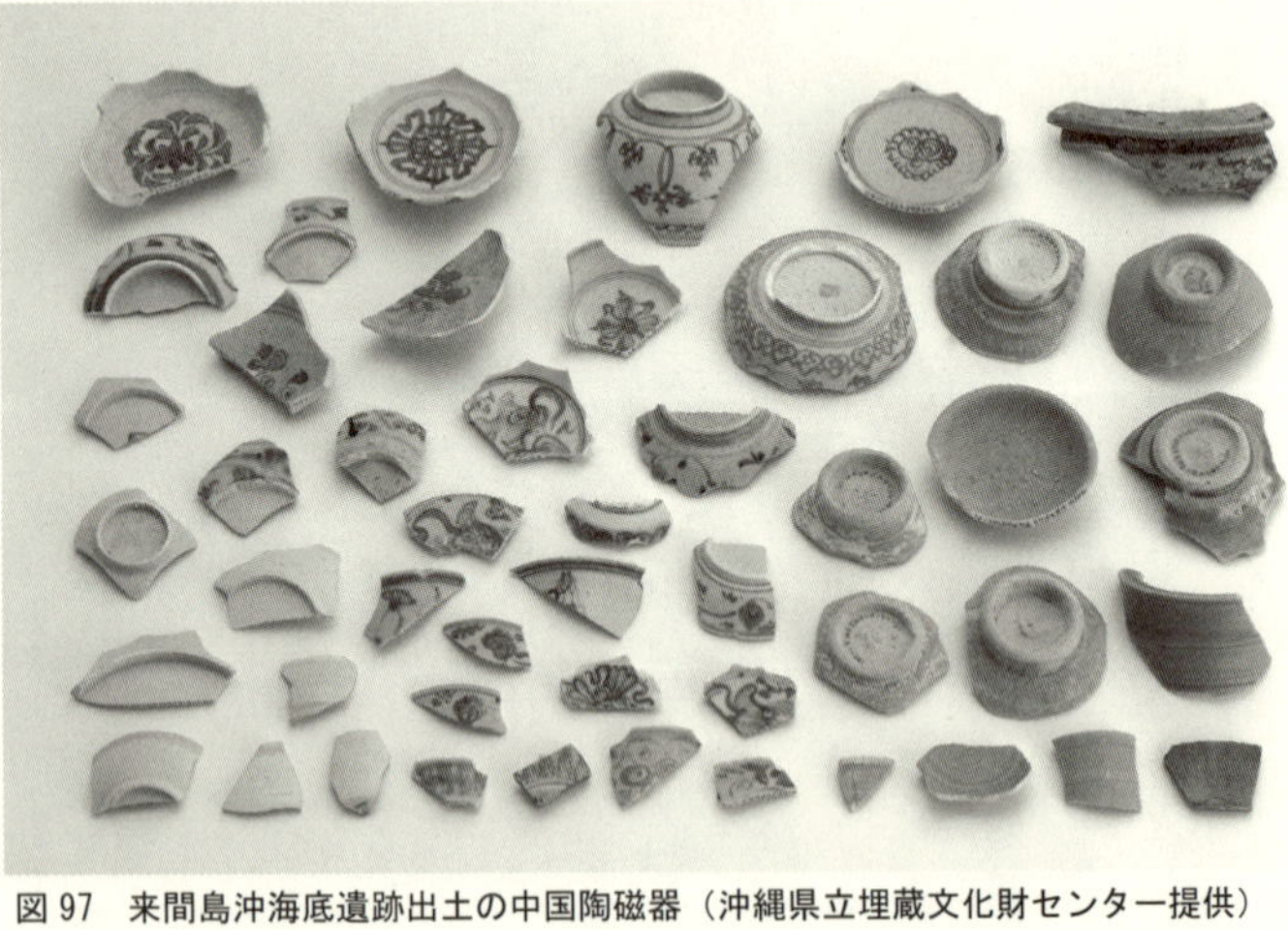

図 97　来間島沖海底遺跡出土の中国陶磁器（沖縄県立埋蔵文化財センター提供）

集落遺跡は……ありません！　遺跡があるのは島の反対側です。とすると、これはもしや本当に未発見の沈没船やその積荷が海底に眠っているのでしょうか。そしてこの青花の破片はその一部なのでしょうか。続きは次の（二）の中で紹介していきます。

（二）海底調査

海岸に遺物の漂着が確認された場合、または聞き取り調査によって信頼性の高い情報を得られた場合は、いよいよその海域で潜水調査（スキューバダイビングによる調査）を実施することになります。

私たちの当初の目的は、限られた時間と予算で沖縄県内の水中文化遺産をできるだけ多く確認し、その遺跡マップを作ることでした。このため一ヶ所にこだわって詳細な調査を行うのではなく、遺跡があるのかないのかを確認し、遺跡があればその大体の範囲や遺物の状態を把握するという方針に沿って潜水調査を行ってきました。この場合、潜水調査に費やす時間は一ヶ所あたり一・二日程度です。

この短い時間の中で遺跡にたどり着くのはそう簡単なことではありません。聞き取り調査などによって、かなり正確な遺跡の位置が判明し、目印などを教えてもらっていても、海の中に明確な地形図があるわけではないので、自分たちだけで遺跡にたどり着くのは至難の業です。

そこで聞き取り調査の際に情報を提供してくださった方にお願いして、できる限り海底調査に同行していただくことにしました。そうすると遺跡の確認に掛かる時間と手間は格段に少なくなるからです。

潜水調査は、水深にもよりますが、大抵は一日に一回三〇～六〇分、二～三回程度です。ダイバー(潜水者)は通常、海底で横に一列になって一直線に移動しながら遺物を探します。多くの場合、安全対策として船をチャーターし、船上から海の上や潜水中のダイバーの監視を行います。

位置の記録方法

海底で遺跡や遺物を確認したら、とにもかくにもその場所を把握し記録しなくてはいけません。これは沈没や座礁の現場を特定するために絶対に必要な情報だからです。

とはいえ海には詳しい地形図がないので、陸上のように場所を把握するわけにはいきません。例えば遺物を確認してから、その場を離れ、もう一度、記憶だけを頼りに同じ場所に戻る……陸上ではわけもない動作ですが、海の中ではなかなか難しく、かなりの訓練が必要となります。そこで水中考古学ではGPSを使います。

GPSとはグローバル・ポジショニング・システム(Global Positioning System)の略で、日本語では「全地球測位システム」と訳されます。上空にある複数の衛星から出される電波をGPS受

図98　位置の記録の様子
（山本祐司氏撮影・提供）

信機で受け取り、受信者が自分の現在位置を知るシステムのことです。GPS受信機はカーナビや携帯電話についていることも多いので、ご存知の方も多いのではないでしょうか。

私たちの持つGPS受信機は山登りなどで利用される普及用の製品なので、残念ながら防水仕様ではありません。そこで私たちの調査では、GPS受信機を防水ケースに入れ、それをブイ（浮き輪）に固定して位置情報を記録しています［図98］。

ブイはロープに結び、海底でダイバーがそのロープの端を握っています。遺物が見つかるとダイバーはロープを遺物の真上に移動させ、ブイが遺物の真上に来るようにロープをピンと張ります（遺物の上に傘を差すようなイメージです）。それからブイ付近に待機する別のメンバーに合図を送ります。するとこのメンバーがGPS受信機で遺物の位置情報の記録を取ります。こうして遺物の位置を一つ一つ確認しておくと、遺跡の範囲を地図上に示すことが可能になります。

ちなみに私たちのGPS受信機では、数センチ単位の高精度で位置情報を得ることはできません。ただ限られた時間と予算を効率よく使って、遺跡の有無と大体の範囲・内容を確認し図示するためには、最も現実的な方法だろうと考え、この方法を採用しました。今後より本格的な調査に挑戦する時には、もっと高い精度で位置を把握できるような機材を使うことも視野に入れたいと考えています。

写真撮影

さて遺物を発見したら、位置の記録と同時に、遺物の状況の写真撮影を行う必要があります。撮影には三つのポイントがあります。

まずできるだけ広角のレンズを使うことです。これは陸地と違って海中では透明度が限定されるので、遺物の周辺環境の情報を少しでも多く記録するためです。

次にギリギリまで遺物に接近して撮影することです。遺物から離れれば離れるほど、その形状が写真では観察できなくなってしまうからです。

そして三つ目はデジタルカメラを利用することです。海中での撮影は陸上よりもはるかに高度な写真技術が必要で、そのため失敗の可能性も高いのです。そこで撮影可能な枚数が多く、手元で撮影画像を確認できるデジタルカメラの方が効率が良いのです。

近年私たちは専門家の協力を得て、動画での映像記録にもチャレンジしています。沖縄の美しい海に沈む遺跡の雰囲気を伝え、水中文化遺産をより多くの方に理解してもらうために、動画は大きな力を発揮するからです。

ここで二つ、私たちの海底調査の実際の事例を日誌風に紹介します。一つ目は（一）で取り上げた来間島（宮古島市）の陸上踏査の続きです。

海底調査日誌1（来間島沖海底遺跡）

来間島では、陸上踏査によって青花と呼ばれる一六世紀前半の中国産陶磁器が確認できたため、引き続きその翌日（二〇〇七年一〇月一六日）に海底調査を実施することにしました。メンバーは陸上踏査と同じく片桐・比嘉・山田の三名です。

平良漁港から船を出し、来間島の沖、目的の海域へ向かいます。その海域の水深は五メートル前後だったので、「一回一時間、一日三回、計二日間」という潜水計画を立てていました。やがて船は目的地点へ到着すると、錨を降ろし、早速調査を開始しました。まずは航空写真とGPSで海域と船の位置を確認し、その後海に入ります。潜水一回ごとに三人が横一列に並んで様々な方向へ海底踏査を行いました。

潜水一回目、海岸で見つけたあの青花は影も形もありません。「まあ始めはこんなものだろう」と考え、気を取り直して二回目に。ところが再び何も見つかりません。

やや首をかしげながら三回目。……ありません。次第に不安になってきます。結局海底調査初日はたった一つの遺物も発見できないまま調査終了となってしまいました。

二日目。今日こそはと意気込んで早速海へ入ります。一回目、空振り。だんだん焦りと嫌な予感が強くなってきます。二回目、不安的中。何も見つかりません。これで計五回、あと一回で予定は終了です。

ここまで五回とも、海岸で遺物を拾った位置からよくよく考えて「妥当」と思われる場所に潜ってきました。それなのになぜ何も出てこないのでしょうか。納得の行かない気持ちのまま、最後の一回を残して、私たちはとりあえず昼食を取ることにしました。いつものように船の上で弁当を食べますが、どうしても口数が少なくなってしまいます。あれこれ考えあぐねた末、ついに片桐が「もうあきらめて最後の一回は全く別の海域を調査しよう。時間と予算がもったいない」と言い出しました。

ところがこれを聞いた山田が「（この海域の）こっち側だけやっていません。ここをチャレンジしませんか」と提案してきたのです。

そこは私たちが最初に陶磁器を見つけた地点から大きく逸れていて、潜水候補にならなかった場所でした。遺物は波の力で海岸に対して垂直に漂着するはずなので、そこは合理的に考えてありえないと思ったからです。ところがあまりにも途方に暮れていたせいでしょうか。突拍子もない山田の提案に、私たちはなぜか乗ることにしてしまいました。

食後、準備を終えると海に潜り、また三人で横一列に並んで遺物を探しながら黙々と海底を移動し始めました。

まもなく目の前に水深約四メートル、水面まで届きそうな巨大な珊瑚礁の岩が現れました。

そしてその岩の根元に、あったのです！　我々が探していた青花の陶磁器が！……これが第三章五で紹介した来間島沖海底遺跡（176ページ参照）を発見した瞬間でした。そしてその後さらに調査を行い、このエリアに多量の中国産陶磁器が散布していることを確認しました。

図99は実際に私たちが調査した範囲とその調査によって確認された陶磁器の位置情報です。ところで一体なぜ「ありえないはずの場所」から陶磁器が見つかったのでしょうか。

実は私たちは陸上と水中の重要な違いを一つ見落としていたのです。それは海底の遺物は波で簡単に移動したり、砂の移動によって砂中に隠れてしまったりするということでした。

来間島海岸の陸上踏査で見つけた陶磁器は、間違いなく垂直方向の海域から漂着したものと考え

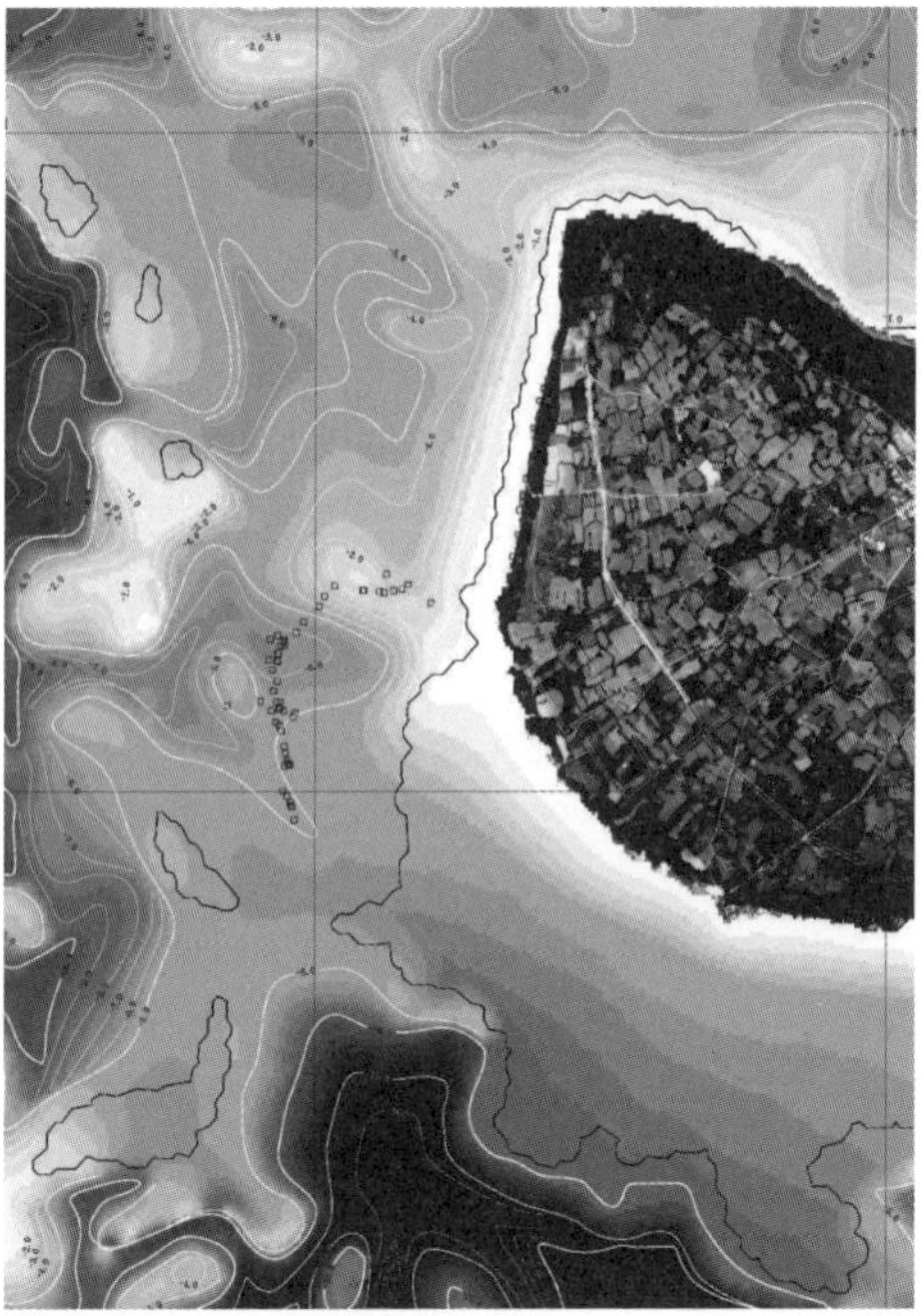

図99　来間島沖海底の遺物散布地図：図は島の航空写真と海底地形図を重ね合わせたもの。海底の点は遺物が発見された場所をＧＰＳで記録した地点。遺物が広範囲に散布していることがわかる

られます。しかし私たちがその垂直方向の海底に潜った時には遺物は見つかりませんでした。ところが後で詳しく調査してみると遺物は砂の中に埋まった状態でちゃんと存在していたのです。そして山田の提案した場所で見つかった青花は、そこから波に揺られて移動してきたと考えられるものでした。

つまり水中では波の影響や砂の移動を常に考慮する必要があり、海底に「見えている」遺物の位置は当てにならないのです。このことを私たちはこの調査経験から痛いほど学びました。

海底調査日誌2（石西礁湖海底遺跡群）

宮古の調査から一年ほど後、私たちは八重山の海人・池田元氏から石西礁湖に壺やカメが大量に散布しているという情報を得ました。

なんでもその海域は干瀬が発達した浅い場所で、「カーミワリ」と呼ばれているということです。「カーミ」は甕、「ワリ」は「割れた」という意味で、つまりその海域は「割れた甕」と名付けられているということになります。この情報や名称から、過去にそこで船が沈没したり座礁したりした可能性が高いと予想できました。

そこで私たちはさっそく池田氏に調査への同行をお願いしましたが、残念ながら多忙でしばらく予定が空かないということでした。そこでやむを得ず自分たちだけで海底調査を行うことにしました。ただし次善の策として、まず池田氏に直接場所を教わり、さらに地元の海人で我々がチャーターする船の船長でもある砂川政彦氏にも池田氏に直接場所を確認していただきました。二人は同じ海域をよく知る海人同士なので、これで何とかなるのではないかと考えたのです。

二〇〇七年一二月一〇日、片桐・比嘉・山田の三名は砂川氏の船で目的の海域に出かけました。この時の調査は、船長直伝の、我々には思いもよらなかった方法を採りました。

まずメンバーの一人がシュノーケルを装備します。次に船とこのメンバーとをロープで連結します。そして船長に船でロープを牽引してもらい、シュノーケルをつけて海に浮かんだメンバーが海底をチェックしていくというものです［図100］。

石西礁湖の海人は、このようにして魚を探すことがあるのだそうです。透明度の高い沖縄の海ならではの方法ですが、これだと広い範囲を短時間で調査できるというメリットがあり、何より体力的に楽でした。

いよいよ調査開始です。海に入った一人は海底を「見る」ことに集中し、遺物を見つけた時は手を挙げて合図をすることにしました。残りの二人は船上でその様子を観察しながら、手が挙がるのをいつかいつかと待ち構えていました。……ところが全然手が挙りません。つまり遺物が見つからないので

図100　ロープの牽引によるシュノーケル調査
（沖縄県立埋蔵文化財センター提供）

す。

はじめは気持ちにも余裕がありましたが、だんだんと不安になってきます。砂川氏も「おかしいな。ここ以外考えられないのに」と首をひねっています。最後には再びいつもの方法、つまり三人が直接潜水調査を行う方法に切り替えてみましたが、それでも結果は出ませんでした。

一日目を終え、二日目に突入しましたが、なんとまたもや空振りです。あれだけ具体的な情報があったのにどうして……と信じられない思いで一杯で、とても諦め切れません。

私たちは潜水調査は一箇所につき二日間と決めているのですが、今回ばかりは異例の三日目に突入することを決意しました。

もう一度、砂川氏に池田氏と話をして場所を確認してもらった上で、三日目の調査開始です。すべてが無駄になってしまったらどうしようという恐怖を胸に、船長直伝の調査方法で広い海域を探し始めました。

この日のトップバッターは、来間島で粘り強く調査継続を主張し、我々を発見へと導いた、あの山田です。リーダーの片桐は船の上で、これがダメだったらみんなをどう励まそうか、そんなことばかり考えていました。と、その時、山田の手が！　それを見た片桐と比嘉が大声で砂川船長に声をかけ船を止めると、山田がひょいと顔を上げて一言。「碗があります」。――山田が再び白星を挙げた瞬間でした。彼には何か遺跡を引き寄せる力のようなものがあるのかもしれません。

こうして第三章五で紹介した石西礁湖海底遺跡群（183ページ参照）がようやく確認できました。さらに調べると一帯には壺屋焼が多量に散布していることが判明しました［図101］。また中国の清朝の時代の青花などもありました。近世から近代にかけてこれらの荷を積んだ船が、那覇港を出て石垣島を経由し、竹富島や黒島などの八重山の島々へ向かう途中に海難事故に遭ったものと考えられます。

この調査で私たちはまた一つ学びました。それは、たとえ聞き取り調査で遺跡の具体的な場所がわかっていても、海中では情報提供者の案内なしでは簡単には遺跡にたどり着けないということです。詳細な地形図のない海で目的物を探すことの困難さを改めて認識した体験でした。

図 101　石西礁湖海底遺跡群第一地点の遺物：碗・水甕・鉢・壺・急須などの沖縄産陶器と清朝磁器（沖縄県立埋蔵文化財センター提供）

◆コラム8　水中で調査をするということ　―潜水病という壁―

　水中における調査の精度を、陸上での遺跡調査と同じレベルにまで引き上げることは水中考古学の大きな課題となっています［図102］。もちろん時間と費用を惜しまなければ理論的には実現可能なのですが、現実的には難しいので、様々な調査方法の開発によってどれだけコストを削減できるかが調査担当者の腕の見せどころになってきます。

　またこの水中調査のコストの問題に取り組む上で、大きな壁として立ちはだかるのが潜水病です。潜水病とは、簡単に言えば高圧下における活動の影響によって生じる障害のことです。潜水病となる危険性を回避するために潜水の水深と時間に関しては一定のルールがあり、潜水深度が深ければ深い程、ダイバーは長時間海底にいることができません。例えば水深二〇メートル前後では一日に約三〇

図102　潜水調査：陸上における発掘調査と同じ方法で写真測量を行っている

分の潜水を二回実施できる程度です。一方、陸上の発掘調査では通常六時間程度は問題なく作業できます。そうすると水深二〇メートルの海底で陸上と同じペースで作業を進めるためには、六倍の作業ダイバーか日数が必要ということになります。

さらに水泳をしたり海で遊んだりした後の特別な疲労感を思い出していただければわかると思いますが、短時間であっても水中での活動は人間の体力を大きく奪います。また一度潜水を行ったダイバーは、潜水病を避けるためにその日は激しい運動を控えなくてはならないというルールもあります。同じ理由で、心臓が激しく動悸するほどの飲酒や喫煙も危険です。水中調査にたずさわるダイバーはいつも潜水病の危険性を意識しながら生活する必要があるのです。こうした問題をすべてクリアしてはじめて、陸上での遺跡調査と同レベルの調査精度が実現できるということになります。なかなか道のりは険しいですね。

（片桐千亜紀）

四　保存処理

海底調査で見つけた遺物の一部は、必要に応じて位置情報の記録や写真撮影の後、海底から回収することがあります。この場合は、遺物についている珊瑚を除去したり、塩分の影響による劣化を防止するための処置を施さなければなりません。こうした処置のことを、まとめて「保存処理」と呼びます。保存処理は、その遺物の性質に合わせて様々な方法で行われます。ここでは最も出土事例の多い陶磁器の保存処理について簡単に紹介します〔図103〕。

1. **水浸**　海底から回収した遺物を、すばやく水に浸し、塩抜きを行う。〔①〕
2. **付着物の除去**　塩抜き後、付着した珊瑚などの石灰分を竹ベラや金属の工具で、根気よく丁寧に取る。この時、遺物が傷つかないよう細心の注意を払う。〔②〕
3. **塩酸による付着物の除去**　それでも残ってしまった珊瑚などの石灰分を、水で薄めた弱塩酸で溶解する。〔③〕
4. **再び水浸**　付着物が落ちたことを確認したら、最後の処理として再び水に浸して、塩酸を抜き取る。この時、水を流し続けて、常に新鮮な水を供給し続ける。
5. **終了**　1～4の作業を終えると、遺物は図のように見違えるほどきれいになる。〔④、⑤〕

①水浸

②付着物の除去

③塩酸による溶解

④処理前の遺物

⑤処理後の遺物

図 103　遺物の保存処理
（沖縄県立埋蔵文化財センター提供）

五　結果分析

水中文化遺産を確認・調査し、遺物を回収したら、ここからが本格的な「研究」のスタートです。つまり調査結果の分析に着手することになります。そのためには多種多様な専門知識が必要となりますが、天才的な考古学者ならいざしらず、私たちが持っている知識や技術には限界があります。そこで調査結果の分析の際には、必要に応じて研究会のメンバー以外にも様々な専門家に協力や助言をお願いすることになります。

例えば沈没船によって形成されたと考えられる遺跡に関しては、関連する文献史料（古文書など）がないかどうか歴史学（文献史学）の専門家におうかがいを立てます。古文書と言っても、江戸時代の日本の草書（くずし字）もあれば、明清時代の中国の漢文もありますし、英語やオランダ語で書かれた欧米の手書きの書簡もあります［図104］。そこで遺跡の時代や、船のタイプに応じて、どのような文献史料に関連の記載がある可能性が高いかを考え、それに適した専門家に問い合わせる必要が生じます。また出土品の多くが陶磁器なので、しばしば焼物の専門家にも協力を依頼することになります。

調査結果の分析には時間がかかることが多いので、定期的に、あるいは一定期間にわたって

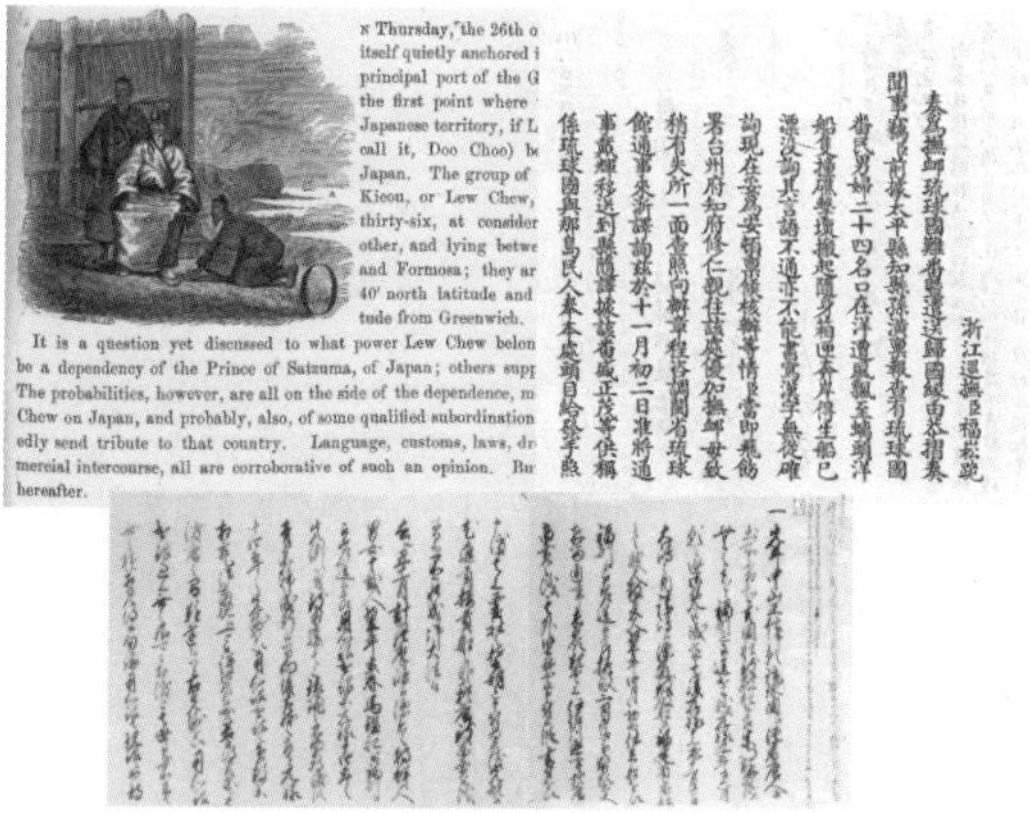
N Thursday, the 26th o… itself quietly anchored i… principal port of the G… the first point where … Japanese territory, if L… call it, Doo Choo) b… Japan. The group of … Kieou, or Lew Chew, … thirty-six, at consider… other, and lying betwe… and Formosa; they ar… 40′ north latitude and … tude from Greenwich.

It is a question yet discussed to what power Lew Chew belon… be a dependency of the Prince of Satzuma, of Japan; others supp… The probabilities, however, are all on the side of the dependence, m… Chew on Japan, and probably, also, of some qualified subordination… edly send tribute to that country. Language, customs, laws, dr… mercial intercourse, all are corroborative of such an opinion. Bu… hereafter.

図 104　様々な文献史料　（上左：ペリー『ペリー日本遠征記（Narrative of the Expedition of an American Squadron to the China Seas and Japan.）』1876 年、P. 151。上右：中国第一歴史档案館編『清代中琉関係档案選編』中華書局、1993 年、P. 242。下：「町田家文書」東京国立博物館編『東京国立博物館図版目録・琉球資料編』中央公論美術出版、2003 年、P. 87）

協力を依頼するような時は、共同研究者になっていただけるようお願いをしています。私たちの共同研究者には、例えば炭素一四年代測定法（出土品の年代を測定する方法の一つ）の専門家や、遺物と同じような出土品を扱っている県外の博物館学芸員、遺物の保存処理の専門家などがいます。またダイバーに海中での測量や調査技術についてアドバイスを依頼したり、地元の郷土史研究家と情報交換を行ったりすることもあります。

このように多方面の専門家と一緒に結果分析を行うことで、遺跡や遺物を学術的に評価し、考古学的知見や歴史的位置づけを与えることが可能になるのです。それにこうして知り合った専門家との関係は、その後も有益な研究者ネットワークとして機能し、より発展的な研究交流に結びついていくことになります。この約一〇年間で培ってきた関係は、私たちの研究会の貴重な財産となっています。

おわりに――水中文化遺産の保存と活用

沖縄を含む南西諸島の歴史と文化は海とともに育まれてきたといっても過言ではありません。しかし海と向き合い、様々な困難を乗り越えて育まれてきたその海洋文化は、まだ十分に解明され、評価されているとは言えない状況にあります。そして私たちが取り組んできた水中文化遺産の調査・研究は、未知の部分の多い南西諸島の海洋文化を明らかにしていく上で、欠かすことのできない重要なテーマの一つだと、私たちは確信しています。

これまでの調査によって、私たちは中世から近世・近代に至る様々な遺跡を確認することができました。特定の海域に無数に散布する中世・近世の貿易陶磁器、近世・近代の異国船の残骸、港から見つかる碇石や鉄錨……これら多種多様な遺物が海底に散布する状況は、南西諸島の海域が頻繁に利用されてきたことの証であり、あるいは生産地から消費地へと海を渡って物品が流通してきた痕跡でもあります。このような遺跡を多角的かつ専門的に評価してはじめて、南西諸島の海を生きた人々の文化活動を本当に理解できたと言えるのではないでしょうか。

私たちの調査と研究は、現在ようやく初歩的な分布調査を終えて、種類・数・位置といった遺跡の概要を明らかにした段階です。遺跡の実態を確認するためには、さらに詳細な調査・研究を行う必要があります。

実は、八重山の水中文化遺産を対象とした共同研究によって(注20)、その試みはすでに始められています。特に屋良部沖海底遺跡では重点的に調査が行われ、①マルチビーム(音波を用いて海底の地形を測量する測深器)を利用した高精度海底地形図の作成、②作成された地形図に基づく遺物散布状況の可視化、③水中ロボットを利用したハイビジョン映像による記録、④海底に実測枠を設置して陸上の遺跡同様に遺物の現状を数値化する実測(巻頭写真v)、⑤文献記録の調査などが進められています。こうした精度の高い調査・研究が、今後、南西諸島の他の海域や水中文化遺産に対しても実施されれば、さらに豊かな歴史像に近づくことができると考えられます。

加えて、大きな可能性を秘めているのが、いまだに謎の多い海底の先史時代の遺跡です。これまで沖縄県内ではこの種の遺跡に関心が寄せられることはあまりなく、船に関わる海事遺跡を主に調査してきた私たちにも先史時代の遺跡の調査実績はほとんどありません。しかし近年研究会メンバーの崎原恒寿(恩納村教育委員会)が、恩納村の海岸を詳しく踏査し、一部の海岸で拾われる先史時代の遺物の年代的傾向などが少しずつ判明してきました。このような調査の蓄積によって、海に沈んだ先史時代の遺跡の実態についても、徐々に解明が進むことが期待されます。

一方、水中文化遺産を今後も引き続き調査・研究する上で考えなくてはならないことの一つに、確認できた遺跡をどう保存していくのかという問題があります。比較的環境が安定している陸上とは異なり、水中における遺跡の保存は一筋縄ではいきません。例えば久米島の東奥武島（オーハ島）海底遺跡。貿易船の海難事故に伴って形成されたと考えられるこの遺跡には、おびただしい量の陶磁器片が広範囲に散布しています。そしてそれらの遺物は、強波や台風のたびに海底を転がり移動し続けています。海岸に漂着し、再び海に戻るといったことを繰り返している遺物もあります。その移動の中で、遺物は少しずつ摩耗・破砕して小片となっていきます。本来は船に積まれて一ケ所に沈んだものが、時間の経過とともに広範囲に分散している――つまりもともとの遺跡が徐々に失われているとも言えます。誰もこの遺跡に手を加えてはいないわけですが、このような状態でこの遺跡は「保存されている」ことになるのでしょうか。そしてこのまま放置しておくことが、未来に遺跡を残すことになるのでしょうか。水中考古学にたずさわる専門家が圧倒的に少ない現在、この状況を正確に把握し議論することはなかなか難しいところですが、南西諸島の水中文化遺産の調査・研究が進展しつつある今、私たちはこのような課題にも取り組んでいかなくてはと考えています。

それから遺跡の活用についても考える必要があります。この点に関して、南西諸島、特に沖縄県の環境は極めて有望です。美しい海や多様な生態系という地理的環境に恵まれ、それを目的に各地から沖縄を訪れて、マリンスポーツやガラスボートを楽しむ人が沢山いるからです。

図105　水中文化遺産見学会の様子

水中文化遺産の活用方法として、ＮＰＯ法人アジア水中考古学研究所は「海底遺跡ミュージアム構想」を掲げています。これは、より多くの人たちに海底の遺跡を知ってもらうことを目指して、海底の遺跡をまるごと野外博物館にしようという構想です。この構想に沿って同研究所は、二〇〇七年八月に長崎県五島列島の小値賀島前方湾海底遺跡で見学会を行っています。沖縄県の美しい海で遺跡を活用するにも、このようなスタイルが最も適しているのではないか、いつか沖縄の海でも実現したいと私たちは考えてきました。

こうした経緯をふまえ、二〇一〇年九月、アジア水中考古学研究所の主催により、ついに南西諸島ではじめての水中文化遺産見学会が実施されました。場所は久米島です。地元の久米島博物館が共催機関となり、私たち南

図 106　水中文化遺産見学会の様子：ダイバーが遺物を指し、見学者がそれを見ている（山本祐司氏撮影・提供）

西諸島水中文化遺産研究会と、鹿児島大学法文学部物質文化研究室、地元ダイビング店が協力しました〔図105、106〕。

主な見学対象は、一四世紀後半から一五世紀前半のものと推定されるオーハ島沖海底遺跡です。見学方法はシュノーケルとグラスボートで、見学人数はそれぞれ二〇名ずつとしました。まず水中遺跡の見学に先立って、久米島博物館で、久米島の水中文化遺産についての講演会と遺物（オーハ島沖海底遺跡から回収された陶磁器、宇江城で発見された碇石など）の見学会を行いました。次に水中文化遺産と関わりの深い陸上の文化財――蔵元跡・真謝港・天后宮など――をバスで移動しつつ見学しました。これによって水中に遺跡があることの理由と意義を知ってもらい、その上で水中遺跡見学会を実施しました。はじめての試みでしたが幸い参加者には好評で、今後この方法で水中文化遺産の公開活用を進めていけそうだという未来への可能性を感じることができました。

さらに二〇一三年には、文化庁の補助を受けた久米島博物館が主体となって、再び水中文化遺産の見学会が開催されました。公的機関が主体となって水中文化遺産の見学会を計画・実施したのは久米島町が初めてではないでしょうか。このように民間団体だけでなく公的機関も主体的に関わって水中文化遺産の公開活用を実施する久米島のような事例が、今後、各地域で増えていくことを大いに期待したいと思います。もちろんそのためにはまだまだ乗り越えなくてはいけない課題も多いのですが、でもいつかきっと…と信じて、私たちはこれからも水中文化遺産の調査と研究、そして保存と活用に向けて取り組んでいきたいと思っています。

注20　総合地球環境学研究所のプロジェクト「東南アジア沿岸域におけるエリアケイパビリティーの向上」の一環として二〇一二年度より実施している。東海大学、沖縄県立博物館・美術館、九州大学、南西諸島水中文化遺産研究会など複数の研究機関・研究者が参加している。

付記

この本の執筆にあたり、左の方々・機関からご協力・ご教示をいただきました。記して深謝します。

赤嶺信哉、新垣力、有銘倫子、池田元、上里隆史、上原正則、NPO法人アジア水中考古学研究所、NPO法人水中考古学研究所、大濵永亘、大濵永寛、小川光彦、沖縄県内各教育委員会、翁長武司、小野林太郎、親川栄、菅浩伸、開陽丸青少年センター、木口祐史、木元豊、喜納大作、金武正紀、金城賢、金城美奈子、久貝弥嗣、小西美香、坂上憲光、崎原恒寿、塩屋勝利、島袋綾野、新里亮人、新里貴之、砂川政彦、砂辺和正、高野晋司、玉栄将幸、玉城亜紀、塚田直哉、塚原博、輝広志、デーヴィッド・コーツ（David Coates）、中島徹也、仲原弘哲、中西裕見子、中山清美、中山晋、新居洋子、新田勝也、日本財団、日本科学財団、野上建紀、橋口亘、林田憲三、林原利明、比嘉尚輝、藤井成児、藤島一巳、本田京子、松永洋平、森靖裕、宮城克松、宮城邦昌、宮城宏光、宮武正登、弓削政己、四日市康博、松尾直子、山田浩久、山本祐司、吉崎伸、渡辺芳郎

（五十音順・敬称略）

参考文献

安里嗣淳　二〇〇〇年「与那国島海底遺跡説批判」『史料編集室紀要』二五
荒木伸介　二〇〇〇年「第2章　水中遺跡調査の歴史」・「第4章　調査研究の実施と成果」『遺跡保存方法　の検討—水中遺跡—』文化庁
石橋藤雄　一九九三年『開陽丸ルネッサンス—幕末最後の軍艦』共同文化社
石原渉「日本における水中遺跡調査の歩み（一）」アジア水中考古学研究所（http://www.ariua.org/archaeology/in_japan/steps/）
井上たかひこ　二〇〇二年『水中考古学への招待—海底からのメッセージ』成山堂書店
井上たかひこ　二〇一〇年『海の底の考古学—水中に眠る財宝と文化遺産、そして過去からのメッセージ』舵社
宇検村教育委員会（編）一九九九年『倉木崎海底遺跡発掘調査報告書』宇検村文化財調査報告書第二集
小江慶雄　一九八二年『水中考古学入門』（NHKブックス四二二）日本放送出版協会
大宜味村教育委員会（編）一九八四年『大宜味村の遺跡』大宜味村文化財調査報告書第二集
沖縄県教育委員会（編）一九八三年『遺跡分布調査報告—中城湾港（新港地区）開発に伴う』沖縄県文化財調査報告書第五五集
沖縄県教育委員会（編）一九九八年『首里城跡　京の内跡発掘調査報告書（I）』沖縄県文化財調査報告書第一三二集
沖縄県今帰仁村教育委員会　一九九三年『なきじん研究』三
沖縄県文化振興会公文書館管理部史料編集室（編）一九九九年『沖縄県史ビジュアル版四　近世①　ペリーがやってきた』沖縄県教育委員会
沖縄県立博物館（編）一九八二年『沖縄出土の中国陶磁器（上）』沖縄県立博物館

沖縄県立埋蔵文化財センター（編）二〇〇七年『沿岸地域遺跡分布調査概報（Ⅰ）～沖縄本島及び周辺離島編～』沖縄県立　埋蔵文化財センター

沖縄県立埋蔵文化財センター（編）二〇〇九年『沿岸地域遺跡分布調査概報（Ⅱ）～宮古・八重山諸島編～』沖縄県立埋蔵文化財センター

沖縄県立埋蔵文化財センター（編）二〇一〇年『沿岸地域遺跡分布調査概報（Ⅲ）～概要・遺跡地図編～』沖縄県立埋蔵文化財センター

沖縄大百科事典刊行事務局（編）一九八三年『沖縄大百科事典（上・中・下）』沖縄タイムス社

小野林太郎／片桐千亜紀／坂上憲光／菅浩伸／宮城弘樹／山本祐司　二〇一三年「八重山における水中文化遺産の現状と将来―石垣島・屋良部沖海底遺跡を中心に―」『八重山博物館紀要』二二

鹿児島大学法文学部異文化交流論研究室・南西諸島水中文化遺産研究会　二〇一〇年「（報告一）二〇〇九年度・南西諸島における水中文化遺産調査報告」『水中考古学研究』三

片桐千亜紀／新垣力　二〇〇四年「東京大学総合研究博物館所蔵の鳥居龍蔵関係遺物について―出自不明の中国陶磁に関する若干の考察」『沖縄埋文研究』二

片桐千亜紀／比嘉尚輝／崎原恒寿　二〇〇五年「本部町瀬底島アンチ浜海底発見の碇石」『沖縄埋文研究』三

片桐千亜紀　二〇一〇年「（報告二）二〇〇九年度・南西諸島における水中文化遺産調査報告　四．徳之島の調査（四）潜水調査」『水中考古学研究』三

片桐千亜紀　二〇一〇年「水中文化遺産の調査事例」『沖縄考古学会二〇一〇年度　研究発表会資料集《テーマ考古学はどのように遺跡を掘るのか―考古学の調査手法とその成果―》』沖縄考古学会

片桐千亜紀／宮城弘樹／新垣力／山本祐司／渡辺美季　二〇一三年「国頭村宜名真沖で沈没した異国船の調査研究」『沖縄県立博物館・美術館　博物館紀要』六

金田明美　二〇〇一年「多良間島沖で難破したオランダ商船ファン・ボッセ号の歴史的考証」『日蘭学会会誌』二六（二）

球陽研究会（編）一九七四年『沖縄文化史料集成五　球陽（読み下し編）』角川書店

金武正紀　一九九〇年「沖縄の中国陶磁」『考古学ジャーナル』三二〇
先島文化研究所 二〇〇九年『名蔵シタダル海底遺跡共同研究報告書』先島文化研究所
滋賀県文化財保護協会（編）　二〇一〇年『びわこ水中考古学の世界』滋賀県文化財保護協会
杉浦昭典　一九七九年『大帆船時代―快速帆船クリッパー物語―』中央公論社
田畑幸嗣　一九九九年「伊江島の貿易陶磁器」『伊江島の遺跡』伊江村文化財調査報告書第一三集伊江村
教育委員会
知念勇　一九七八年「座喜味城の歴史と環境」『座喜味城跡』読谷村文化財調査報告書第四集　読谷村教
育委員会
北谷町史編集委員会編　一九九二年『北谷町史第二巻資料編一　前近代・近代文献資料』北谷町役場
津波清／名嘉正八郎・金城善・豊見山和行（編）　一九九二年『琉球国絵図史料第一集―正保国絵図及び
関連資料―』沖縄県教育委員会
手塚直樹（編）　二〇〇五年『中世日本における貿易陶磁の生産と需要の構造的解明　沖縄県久米島ナカ
ノ浜平成一五・一六年度調査研究報告』青山学院大学文学部
手塚直樹（編）　二〇〇八年『日本中世における貿易陶磁器の生産と受容の構造的解明　沖縄県久米島町
オーハ島海底遺跡　平成一七年度・一八年度調査研究報告』青山学院大学文学部史学科
當眞嗣一　一九九六年「南西諸島発見の礎石の考察」『沖縄県立博物館紀要』二二
當眞嗣一／佐久田勇　一九九九年「久米島白瀬川河口採集の遺物について」『沖縄県教育庁文化課紀要』一五
鳥居龍蔵　一九五三年「私と沖縄諸島」『ある老学徒の手記』朝日新聞社
中村愿　一九九四年「インディアン・オーク号の座礁地」『北谷町の遺跡』北谷町文化財調査報告書第一四集、
北谷町教育委員会
名護市教育委員会（編）一九八二『名護市の遺跡（二）分布調査報告』名護市文化財調査報告四
新居洋子／渡辺美季　二〇一四年「イギリス船ベナレス号の遭難事件に見る一八七二‐七三年の琉球・
奄美――英文史料の紹介」『歴史と民俗』三〇
西里喜行　二〇〇五年『清末中琉日関係史の研究』京都大学学術出版会

新田重清　一九七六年「糸満市喜屋武同村貝塚出土の曽畑・轟系土器について」『沖縄県立博物館紀要』二
野上建紀　一九九九年「肥前陶磁の流通形態」『貿易陶磁研究』一九
野上建紀／ダニエレ・ペトレッラ　二〇〇七年「バイア海底遺跡見学記」『金大考古』五九
ランドール・ササキ　二〇一〇年『沈没船が教える世界史』メディアファクトリー
北條芳隆（編）　二〇〇七年『網取遺跡・カトゥラ貝塚の研究―沖縄県西表島所在の先史時代貝塚・近世集落遺跡の発掘調査―』東海大学文学部・海洋学部・沖縄地域研究センター
宮城弘樹／片桐千亜紀／新垣力／比嘉尚輝　二〇〇四年「南西諸島における沈没船発見の可能性とその基礎的調査―海洋採集遺物からみた海上交通」『沖縄埋文研究』二
宮城弘樹／片桐千亜紀／比嘉尚輝／崎原恒寿　二〇〇五年「南西諸島における沈没船発見の可能性とその基礎的調査（Ⅱ）海洋採集遺物からみた海上交通」『沖縄埋文研究』三
柳田純孝　一九九四年「礎石考」『法吟唾』三
琉球新報社　一九九七年（一月二七日）「川底から「伝馬船」出土 旧真玉橋遺構発掘現場」(http://ryukyushimpo.jp/news/storyid-88399-storytopic-86.html)
渡辺美季　二〇一〇年「（報告一）二〇〇九年度・南西諸島における水中文化遺産調査報告　六．文献調査」『水中考古学研究』三
渡辺美季　二〇一五年「那覇――イギリス船ベナレス号の遭難事件（一八七二～七三年）から見た『世界』」羽田正編『地域史と世界史』（世界史叢書一）ミネルヴァ書房（刊行予定）
渡辺芳郎　二〇一〇年「（報告一）二〇〇九年度・南西諸島における水中文化遺産調査報告　三．奄美大島の調査、四．徳之島の調査」『水中考古学研究』三

著者プロフィール

片桐　千亜紀（かたぎり・ちあき）

一九七六年長野県生まれ。沖縄国際大学文学部卒業。沖縄県立埋蔵文化財センター専門員を経て、二〇一一年より沖縄県立博物館・美術館学芸員。二〇一四年度沖縄県立博物館・美術館特別展「水中文化遺産～海に沈んだ歴史のカケラ～」を担当。専門は考古学。研究テーマは琉球列島を中心とした島の人類誌。論文に「国頭村宜名真沖に沈没した異国船の調査研究」（共著、『博物館紀要』第六号、二〇一三年）などがある。第三・四章の執筆を担当。

宮城　弘樹（みやぎ・ひろき）

一九七五年沖縄県生まれ。沖縄国際大学大学院地域文化研究科修了。今帰仁村教育委員会（今帰仁城跡調査・整備担当）を経て、二〇一二年より名護市教育委員会学芸員。南西諸島水中文化遺産研究会会長。専門は考古学。研究テーマは先史、時代からグスク時代の琉球列島史。論文に「グスク時代に訪れた大規模な島の景観変化」（『先史・原史時代の琉球列島』六一書房、二〇一一年）などがある。第二章の執筆を担当。

渡辺　美季（わたなべ・みき）

一九七五年東京都生まれ。東京大学大学院人文社会系研究科博士課程単位取得退学。神奈川大学外国語学部准教授等を経て、二〇一四年より東京大学大学院総合文化研究科准教授。専門は歴史学。研究テーマは近世琉球を中心とした東アジアの国際関係史。著書に『近世琉球と中日関係』（吉川弘文館、二〇一二年）などがある。第一章の執筆を担当。

執筆者近影。左から、片桐、渡辺、宮城

沖縄の水中文化遺産
青い海に沈んだ歴史のカケラ

2014年11月1日　第1刷発行

編著者　南西諸島水中文化遺産研究会

発行者　宮城　正勝

発行所　㈲ボーダーインク
沖縄県那覇市与儀226-3
http://www.borderink.com
tel 098-835-2777
fax 098-835-2840

印刷所　㈱東洋企画印刷

ISBN978-4-89982-264-6　C0020

printed in OKINAWA Japan